EDITORA
Labrador

Inísa Peleja

EU DEPOIS DE AMANHÃ

Copyright © 2022 de Luísa Peleja
Todos os direitos desta edição reservados à Editora Labrador.

Coordenação editorial
Pamela Oliveira

Preparação de texto
Laila Guilherme

Assistência editorial
Leticia Oliveira

Revisão
Maurício Katayama

Projeto gráfico, capa e diagramação
Amanda chagas

Imagens de capa e miolo
Fernanda Romão

Dados Internacionais de Catalogação na Publicação (CIP)
Jéssica de Oliveira Molinari - CRB-8/9852

Peleja, Luísa
  Eu depois de amanhã / Luísa Peleja. — São Paulo : Labrador, 2022.
  192 p.

ISBN 978-65-5625-248-3

1. Crônicas brasileiras I. Título

22-2958   CDD B869.93

Índice para catálogo sistemático:
1. Crônicas brasileiras

EDITORA Labrador

Editora Labrador
Diretor editorial: Daniel Pinsky
Rua Dr. José Elias, 520 – Alto da Lapa
05083-030 – São Paulo – SP
+55 (11) 3641-7446
contato@editoralabrador.com.br
www.editoralabrador.com.br
facebook.com/editoralabrador
instagram.com/editoralabrador

A reprodução de qualquer parte desta obra é ilegal e configura uma apropriação indevida dos direitos intelectuais e patrimoniais da autora. A editora não é responsável pelo conteúdo deste livro.
A autora conhece os fatos narrados, pelos quais é responsável, assim como se responsabiliza pelos juízos emitidos.

*Dedico às minhas avós,
Anna e Ledinha.*

Sumário

- 7 — Apresentação
- 15 — O exercício vai além de lavar as mãos
- 17 — Nunca fui santa e sou para casar
- 19 — Nós não estamos preparados
- 21 — A vida é um eterno processo
- 22 — Eu estou exatamente onde queria estar
- 24 — Ninguém constrói algo sólido e faz a diferença sem se despedaçar um pouquinho
- 25 — Não adianta querer mudar o mundo se a pia fica para depois
- 27 — Poucas mulheres falam sobre sexo abertamente: masturbação
- 29 — Para viver o amor, existem vários caminhos
- 31 — Todo término é um recomeço
- 33 — Por mais ídolos que nos façam voar
- 36 — Ah, Thomas Shelby...
- 38 — Se nos vestíssemos cada dia como se fosse o último, que roupa você usaria?
- 40 — Aniversários de papel crepom
- 43 — Rituais: leitura
- 45 — Cancelamento virtual
- 47 — Snapchat dysmorphia
- 50 — Senso de urgência
- 52 — Escrito nas estrelas
- 54 — O abuso nem sempre é óbvio
- 56 — Não julgue o livro pela capa
- 58 — Como você está?
- 60 — Fui obrigada a me perdoar na marra

63	Sua PJ não anula sua PF
66	Será que esse medo uma hora passa?
68	Quando você vai engravidar?
71	O sobrenome só vem para enfeitar
74	Nem tudo são flores
76	Aprenda a se aplaudir primeiro
78	Carta de uma saudade
81	Autoboicote
83	Como ser um bom líder?
86	Headshot
88	Ninguém quer esforço, todo mundo quer mágica
90	2020, que ano!
92	Manifesto
93	Lista de resoluções
95	Estar perto não é físico
97	Existe uma vida entre os extremos: o diálogo
100	A parte boa de amadurecer
102	Para os carentes, com amor
104	Somos todos um pouco Dory
106	Nenhuma garantia
109	Como existir em dois mundos?
112	Sucesso pra mim é...
114	As bengalas da vida
117	Amor não é acesso livre
119	Autoconhecimento é a minha libertação
122	Como reconhecer uma amizade verdadeira
124	A vida e nossos rituais

127	Grito
130	Irritantemente positiva
133	Felicidade também é contagiosa
135	Primeiro vive, depois posta
138	Nem todo dia é de pão quentinho
141	O que eu faço na hora da dor
143	Ressoar
145	A vida é feita de fins
148	O desafio diário de sermos nós mesmos
150	Os planos que eu não fiz
152	17.6.2021
155	De repente 30
157	Te humanizo
159	Autoestima, vem cá
162	"Trying to have your cake and eat it too"
164	Valor inegociável
167	Toda luz é precedida do caos
169	Alma gêmea existe?
172	Mil vezes, sim!
175	Não grávida
177	Fiz as pazes com a morte
179	Presente é estar presente
181	O desafio de ser forte sem perder a feminilidade
183	Prefira acreditar
185	Como você será lembrado?
187	Retiro com propósito
190	A proximidade afetiva é o que conta

Apresentação

Era julho de 2019 quando lancei o meu primeiro livro de crônicas. Um marco na minha vida. Nunca imaginei sentir tamanha realização e preenchimento com o lançamento e tudo o que veio depois. Quantas histórias, conexões, carinhos, feedbacks... Como é potente e grandioso tocar sem tocar e poder alcançar as pessoas através das palavras. Quando lancei o primeiro livro, já estava pensando no outro e com uma certeza: nunca vou parar de escrever.

Nos meus planos, em um ano lançaria um novo livro. Me programei para começar a escrever as crônicas em fevereiro do ano seguinte (2020), assim conseguiria conciliar as demandas de trabalho com esse projeto que tanto me preenche, mas, para surpresa de todos, o mês de março daquele ano trouxe consigo uma pandemia.

Foram meses redesenhando todos os planos, e com o plano do livro não foi diferente. Este livro, diferentemente de outros, foi construído com a minha audiência. Em uma insônia criativa e preocupada, já que não conseguiria cumprir o prazo de lançar um livro naquele ano, pensei: "Como vou manter minha audiência interessada até lançar o livro?", "Como lançar o livro em meio a uma pandemia tendo que conciliar com tantas questões de trabalho?"". Assim, tive a ideia de fazer com que meus leitores fizessem parte do processo de construção dele, e assim ele nasceu no ambiente virtual para só então ganhar a vida física.

Reuni os feedbacks que recebi do primeiro livro, em que leitores e seguidores diziam "A sensação que tinha ao ler é de que estava escutando a sua voz", "Ele é tão bom e leve, pena que acaba rápido", para desenhar um formato contínuo (que não terminaria em duas horas) e multiformato (escrita, áudio e vídeo para permitir que a aproximação fosse real) que fizesse o leitor se envolver comigo e com a obra em si.

Hospedei o livro em uma plataforma de assinatura na qual, uma vez por semana, durante um ano, liberaria uma crônica nova em vídeo, no formato escrito e com um vídeo bônus, em que eu compartilhava as motivações que me levaram a tal resultado. A cada nova crônica eu também compartilhava uma música do momento. Uma experiência sensorial de leitura que ia além do próprio texto. Em tempos de pandemia, o projeto não era apenas um livro de assinatura, era também uma companhia em meio ao caos. Foi um sucesso.

> *"Luísa, você foi o presente este ano para mim, para meu autoconhecimento. Nossa, é como se eu estivesse contigo presencialmente conversando e tomando aquele café.*
> *Te admiro muito, mulher."*
> Naira Raquel

> *"Obrigada por mais uma vez compartilhar suas reflexões e construções tão lindas, mesmo diante do que nos atinge tão fundo na alma como a saúde de quem amamos.*
> *Lindo, profundo e me identifico em tudo,*
> *inclusive no momento. Forte abraço!"*
> Sarah Goiatá

> *"Passei a escolher as crônicas para ler pelo título.*
> *Se vejo que o título tem conexão com o meu sentimento do dia, eu paro e leio, e essa experiência tem sido incrível! Acalento para alma."*
> **Sabrina Cristina**

> *"É surreal o quanto me sinto conectada a este livro."*
> **Camila Oliveira**

> *"Em uma das fases mais difíceis da minha vida, me deparo com os escritos de Luísa, quero morar no 'te ler'; obrigada obrigada obrigada."*
> **Jacqueline Rodrigues**

> *"Lu, tenho CERTEZA que foi DEUS quem me tocou pra assinar este livro. Posso te fazer um pedido muito especial? Vou casar dia 15/05, posso usar esta bela crônica como meu voto?"*
> **Thaís Evangelista**

A primeira crônica do livro foi escrita em março de 2020, na varanda da minha casa de Campos do Jordão, com um vinho do lado, muitas incertezas e insegurança diante do cenário que se apresentava. Ainda sabíamos muito pouco sobre a pandemia, mas já estávamos lidando com todos os desafios profissionais e pessoais que o cenário nos colocou. Escrevia para escapar e documentar aquele período. Durante os primeiros meses de pandemia, até estruturar e colocar o projeto no ar, compartilhava alguns textos com a minha audiência nas redes sociais, mas foi somente em julho, no dia do meu aniversário de 29 anos (dia 30), que lancei e oficializei o projeto que durou até o ano seguinte. A cada semana escrevia um novo texto.

Eu depois de amanhã é a continuação do *Em busca da nossa melhor versão*. Como o primeiro livro, o título imprime movimento. Mas, junto ao movimento, dúvida. Afinal, quem seremos nós depois de amanhã?! Somos resultado das nossas experiências, buscas, construções e desconstruções, e no livro eu compartilho várias das minhas em meio a um ano extremamente desafiador.

Escrever as crônicas era o momento de me encontrar comigo, minha terapia, meu diário documental do que via e vivia durante esse período. Foram muitos desafios, crescimento profissional, pessoal, e também foi quando vivi as maiores dores e as maiores alegrias. Um período de contrastes intenso, que exigiu muita lucidez e um estado de consciência que muitas vezes somente a escrita era capaz de me trazer.

Por falar em contrastes, quem assina a arte do livro é a artista Fernanda Romão, que, através do meu trabalho, tive a honra de conhecer e me conectar de diversas formas. A Fê conseguiu imprimir em suas telas tudo aquilo que eu conseguia trazer em palavras, mas, sobre as artes, vou deixar a própria Fernanda contar.

Escrever faz parte de um ritual, um compromisso que faço comigo e, agora, também com os meus leitores. Por isso, quero que a leitura faça parte de um ritual seu. Escolha um espaço agradável, acenda uma vela, separe uma água, café, vinho ou uma bebida que vá te agradar. Se dê alguns minutos para se conectar aos textos e, principalmente, a você. Te convido a se distrair e se atrair para dentro de você e descobrir o seu Eu depois deste livro.

Grife, rabisque, acesse a playlist[1] para ser embalado pelas músicas. Viva cada página como eu vivi.

love, Lu

[1] Acesse o link: shorturl.at/tEJ08 ou procure por "Eu depois de amanhã" no Spotify.

Carta da artista

Me chamo Fernanda Romão (F. Romão), e no último ano tive a honra de receber da Luísa o convite para ilustrar este livro. O sentimento foi de emoção. Já seguia e acompanhava a Lu nas redes sociais há muitos anos e sempre admirei e me identifiquei com sua persona pela ousadia, verdade e, ao mesmo tempo, delicadeza. Algumas de suas muitas versões, as quais ela sempre esbanja com orgulho. E ela, ao conhecer o meu trabalho, acabou se enxergando de alguma forma nos temas e provocações que eu trazia.

O início do projeto foi um briefing libertador! Luísa me permitiu trazer a minha interpretação sobre suas palavras, e, como leitora e artista, pude me inspirar a sentir e me colocar nas situações e sentimentos que suas crônicas me trouxeram.

Tanto a Luísa quanto os livros estimulam uma experiência leve, mesmo ao abordar com profundidade temas complexos. Meu sentimento foi um espaço de aconchego, mas que me provocou e me fez olhar para dentro, sentir e refletir.

Como artista, acredito em infinitas interpretações, e a minha leitura sobre arte muda conforme meu humor ou a circunstância na qual estou inserida naquele momento. Por isso, o livro também me instigou a relê-lo em outros momentos.

Meu objetivo para a capa era trazer algo que refletisse o conteúdo e que à primeira vista fosse, acima de tudo, interessante. Existe um conceito na arte que se chama *hábito visual*, mas eu fujo dele em todos os meus trabalhos. Na minha arte, busco causar um incômodo no espectador, a ponto de fazê-lo se interessar em entender a imagem e, o mais importante, estimular sua criatividade de interpretação ao tentar imaginá-la, entendê-la ou conservá-la de seu próprio jeito.

Para isso, desenvolvi um conceito central para o trabalho, o *blur*, uma imagem desfocada que simboliza desordem, possibilidades e movimento. Uma imagem não estática que se transforma, na qual o resultado fica cem por cento no imaginário de cada um. O resultado é uma interpretação ímpar e pessoal de acordo com as expectativas e as projeções de cada um.

Sobre a técnica e os materiais, pensei em diversas formas para trazer e acentuar as características da autora e, uma vez que o livro continha uma variedade de crônicas e sentimentos divididos, optei pelo uso de muito contraste.

Na primeira versão, trabalhei a figura da Luísa com pinceladas marcadas e o efeito *blur* em seu rosto, para que o leitor também se imaginasse ali naquele lugar. Além disso, optei por trazer a nudez como parte da essência da autora presente na obra, que resolve abrir seu íntimo em cada uma das páginas, livre, como ela é.

Na contracapa, o *blur* traz um contraste ainda maior, mais forte e ousado. Nessa figura trabalhei com o excesso de diluente para uma imagem escorrida que simboliza transformação e adaptação do ser, como um camaleão que muda de forma tão natural quanto a liquidez. Características também presentes na autora.

A terceira arte que você, leitor, vai conhecer ao final da apresentação é um retrato da Luísa que pintei no verso de uma tela "against the odds", como quem sai dos trilhos para trilhar seu próprio caminho. Apliquei para o efeito *blur* a combinação da tela com um vidro em acidato, para trazer a figura dela fora do hábito visual e obviedade. Luísa é transformação, nunca uma versão apenas de si, nunca estática, e o resultado ficou perfeito. Ao tentar fotografar essa imagem, a câmera não con-

Luísa Peleja

seguia focar ou captar a imagem. Leve e fluida, é impossível enxergar uma figura parada, é impossível pará-la. A apresentação desta versão foi em vídeo, para mostrar o movimento.

Durante o processo de criação das obras que seriam a capa e a contracapa do livro, eu fiz algumas opções. Foram catorze trabalhos para chegar a três finais que eu iria apresentar para a Luísa. Para minha surpresa, quando estava finalizando o trabalho com três versões finais escolhidas, surgiu uma nova ideia, e uma quarta versão veio à tona. Em uma imagem capturada pelo Bruno, marido da autora, trouxe o efeito de pinceladas e amei o resultado. Chamei a versão de "não resisti", pois estava fora do conceito *blur* que havia escolhido para o trabalho, mas tinha tudo a ver com a minha leitura sobre o gênero crônica.

Na minha opinião, as crônicas sempre nos colocam em primeiro lugar pela identificação, mas no livro enxergo o mundo pela ótica da Luísa, que traz de forma sensível o que também sinto pela minha. A experiência da leitura do livro une frestas e interpretações da autora com experiências e fragmentos do leitor, e é nessa junção que se faz uma troca rica, pessoal e delicada que o livro *Eu depois de amanhã* nos propõe.

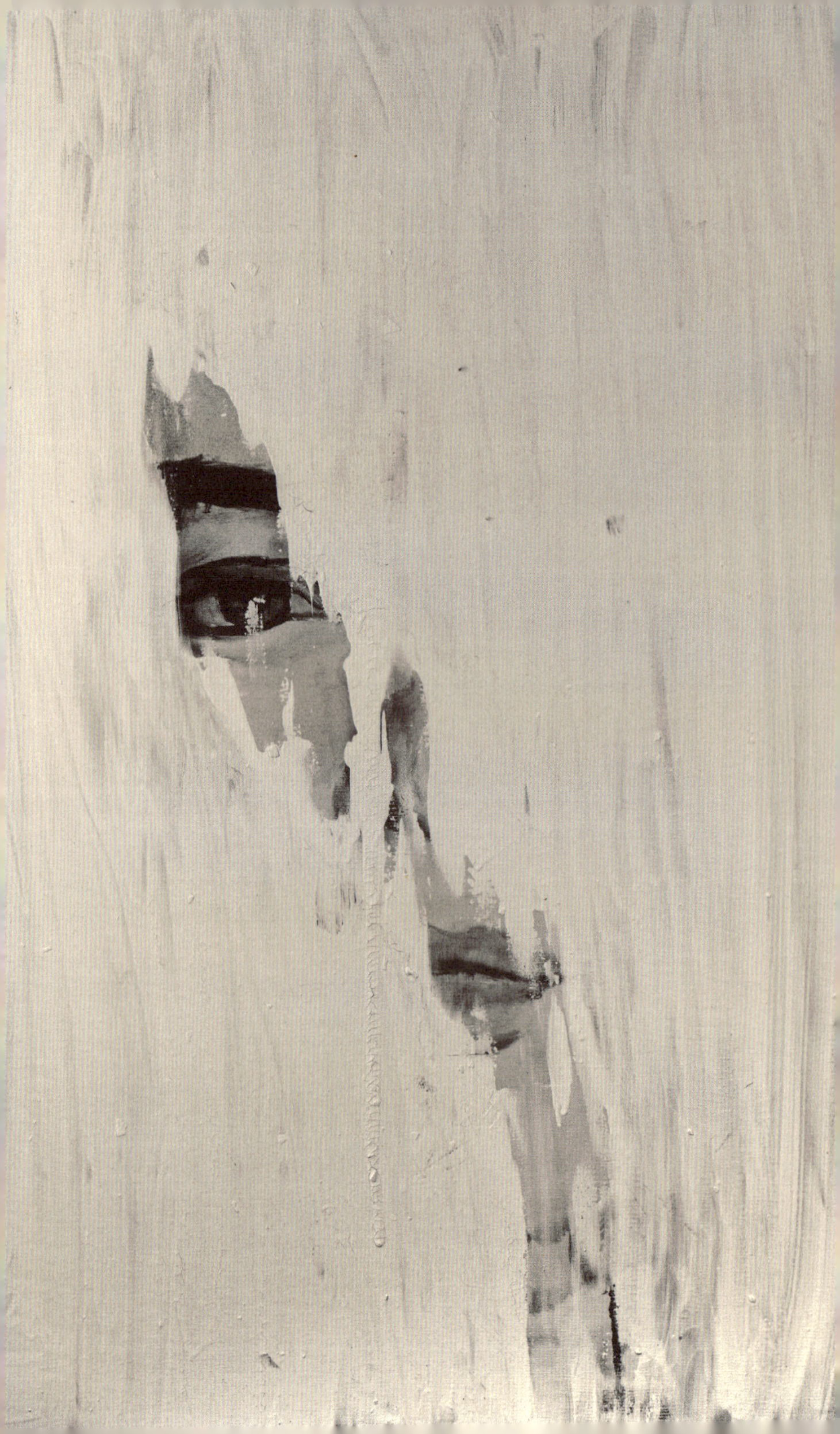

O exercício
vai além de lavar as mãos

Eu poderia começar o livro com crônicas já previamente escritas que eu guardei para o momento, mas, se a situação em que eu me encontro ao dar início ao segundo livro é essa, é sobre ela que eu vou falar. Dia cinco de quarentena. Campos do Jordão, 21 de março de 2020, 18h, e uma névoa que parece cenário de filme. Pijama, vinho na mão e mil pensamentos invadindo a mente.

Quando o ano começou, a ideia de viver uma pandemia jamais passou pela cabeça de qualquer pessoa. Eu, noiva, cheia de planos e projetos de trabalho, já virei o ano com a agenda comprometida. Toda cheia de mim e com o "controle" da minha vida. Algumas viagens, outras reuniões, várias metas, e, de repente, cancela-se tudo. Em apenas q u a t r o dias, todos os planos e certezas que eu e você tínhamos sumiram. A vida – mais uma vez – mostrando que a nós cabe somente a vontade e o planejamento, mas a execução ou não de um plano, ah, meus amigos, cabe somente a Ele.

A notícia de uma pandemia tirou o chão de muita gente, testou e tem testado a fé, a paciência, a resiliência, a compaixão e a empatia de todos. Fomos colocados de castigo. Daqueles que os nossos pais nos botavam no canto da sala ou presos no quarto para pensar nas atitudes tomadas sem pensar. A verdade é que, alguns dias após a bomba ter estourado, eu me pego pensando se nós não estávamos realmente precisando repensar a vida que andava tanto no impulso e no automático.

Impossível não me lembrar dos tempos de criança, quando meus pais me chamavam no grito e me colocavam de castigo de frente para o meu irmão depois de uma briga feia, típico daquela idade. Não podíamos nos encostar. A vontade era de sumir, mas eles nos faziam ficar frente a frente, "pra pensar bem no que havíamos feito". De fato, funcionava.

Independentemente do plano de fuga, se era fingindo ter feito as pazes ou realmente as fazendo, a experiência nos colocava para pensar e agir em equipe para benefício de todos.

Pois é. Nessa reclusão, o exercício vai além de lavar as mãos. É preciso lavar a alma, o egoísmo, a pressa, a falta de empatia. Valorizar as pessoas com quem estamos e entender com o que realmente precisamos nos conectar. Não sei quanto tempo essa perda do senso de normalidade vai durar, mas com certeza vai ser suficiente para repensarmos novos caminhos que incluem não somente as nossas necessidades, mas as de todos.

love love love, Lu

Ouça: "Nada será mais como era Antes" — Silva

Nunca fui santa e sou para casar

O conceito "moça de família" é tão arcaico que no meu círculo de convivência eu quase nem escuto falar (ufa!). Porém, sei como são enraizados o conceito e o status de "menina santa" na nossa cultura.

O estereótipo "recatada e do lar" é fruto de uma sociedade patriarcal, mas isso não é novidade. Vamos pular pra parte que interessa, a minha confissão: Eu nunca fui santa. A constatação — em voz alta — do que eu já sabia aconteceu durante uma caminhada, quando fiz um #TBT mental de acontecimentos dos últimos 28 anos. Sabe aquela cena da fita rebobinando?! Foi bem por aí.

Noiva, prestes a me casar, pensei: "Vejam só, nunca fui santa e sou para casar". Eu ri. Ri de satisfação e ironia.

Afinal, o que é a menina "santa" ou "para casar"?! Aquela que deixa que os julgamentos dos outros ditem o ritmo da sua vida. O conceito é simples, enxuto e direto.

Eu nunca fui santa, pois sempre escolhi meus amores e prazeres e não precisei abandonar minhas diversões para me enquadrar nos requisitos de uma pessoa. Eu nunca fui santa porque tomei iniciativa, mandei mensagem, me permiti, beijei várias bocas, transei na primeira noite e assumi todas as minhas escolhas sem medo de que alguém estivesse avaliando o meu comportamento.

Eu nunca fui santa, pois eu sempre tive certeza de que a pessoa que eu escolhesse para dividir a vida comigo me enxergaria muito além dos critérios predeterminados. Independentemente de quantas pessoas eu beijei ou com quantas pessoas eu transei, continuo amando os meus amigos, lendo livros, me dedicando à família, planejando a casa nova, sendo uma excelente profissional e juntando dinheiro para a próxima viagem. Não ser "santa" não envolve caráter, envolve atitude. Enquanto você não fizer mal a ninguém e respeitar os seus valores, "não valha nada" aos olhos dos outros até que alguém apareça e passe a fazer sentido "valer". Não deixe que a percepção rasa das pessoas dite o ritmo da sua jornada e te faça esquecer o que realmente importa: mais gostoso e interessante do que ser uma "menina para casar" é ser uma menina para sorrir e realizar.

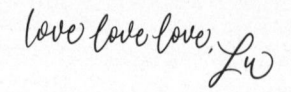

love love love, Lu

Ouça: "Daddy Lessons" — Beyoncé

Nós não estamos preparados

Nós não estamos preparados. É isso mesmo. Passamos a vida nos moldando e nos preparando para isso e para aquilo, mas a verdade é que nunca estamos 100% prontos. Quando chega a hora, a perna treme, o medo bate, e toda a segurança construída em anos de preparo sai pelo ralo em poucos segundos. Os nossos dias são rodeados por interrogações, e é necessário começar o trabalho novamente. Do zero. Afinal, de todas aquelas circunstâncias e situações que imaginamos ou supomos que iriam acontecer, nenhuma vingou.

Será que temos as condições perfeitas para ser mãe, aceitar aquela promoção, assumir uma responsabilidade nova, abrir mão da segurança para ir atrás de um sonho novo?

Não. Quase sempre é essa a resposta. Para uma coisa acontecer ainda falta fazer "aquilo", deixar "disso", aprender "aquilo outro". Nunca temos dinheiro suficiente, *know-how* suficiente, tempo, disposição e mais uma lista infindável de coisas que ainda não nos são satisfatórias. Que bom! Talvez a satisfação nos fizesse perder o tesão pela busca. Mas o fato é: para os acontecimentos bons e ruins, nunca nos achamos inteiramente aptos. Sorte que o ser humano tem o incrível poder de se moldar aos acontecimentos. Aproprie-se disso. Talvez a falta de aptidão e preparo sirva para dar ainda mais sabor às descobertas do caminho.

Esqueça a ideia de completude. O esboço também é uma obra-prima.

love love love, Lu

Ouça: "If I Ever Feel Better" — Phoenix

A vida é um eterno processo

Existe a fase do medo, da insegurança e do caos. Existe a fase de entender, de aceitar, racionalizar e agir. A construção, o sacrifício, o prêmio, a alegria, o aprendizado, o choro, o erro, o acerto... Fases. Sobre elas, saiba o mais importante: todas passam.

Receba e viva cada etapa de peito aberto, pois elas são como tijolinhos na construção infindável do nosso "eu".

love love love, Lu

Ouça: "Tempo perdido" — Legião Urbana

Eu estou exatamente onde queria estar

"**E**u estou exatamente onde queria estar." Por ora, afinal, a ideia é sempre ir mais longe. Mas a sensação foi de satisfação.

Quando eu — do nada — resolvi me mudar de Brasília, a vida estava muito boa pra mim. Independência financeira, havia acabado de comprar meu primeiro carro com meu dinheiro, MUITAS metas ainda a cumprir, mas bem feliz no trabalho. Família por perto, cercada de amigos, solteira e vivendo as delícias das descobertas que essa fase me proporcionou. Confortável. Abençoada. Só uma maluca abriria mão de tudo isso por algo incerto, né? Mas eu abri, e, diferentemente do que muitos pensam, isso não parecia loucura. Muito pelo contrário, fez muito sentido.

As grandes mudanças acontecem por vários motivos. Podem vir do término de um relacionamento, da busca por sentido, da fuga ou de um desejo de viver novas aventuras e emoções. Acredito que o último tenha sido meu caso. O fator medo, que sempre nos acompanha nesses momentos, foi abrandado pelo forte apoio dos meus pais, que disseram: "Vai! Se alguma coisa der 'errado', saiba que você sempre vai ter para onde voltar". Fui por minha conta e risco, mas com um lugar seguro para me acolher se aquilo ali não fosse o que eu realmente procurava.

    Estava por minha conta, resolvi e me "desfiz" da minha vida em três meses. Vendi a parte de uma empresa, vendi carro e fui para SP sem uma casa fixa e com quatro malas cheias nas mãos. *Turning Point*. 2018 foi um ano de muita incerteza. Nos períodos de insegurança, tracei as metas que hoje vejo que consegui cumprir. Fui desenhando tudo o que queria e não queria para mim e coloquei a cara, o corpo e o coração para conseguir. Eu me lembro das afirmações.

    As metas mudam, os desejos e a sede também. Os objetivos já são outros. Mas é gostoso demais olhar para o meu hoje e lembrar quanto o desejei e batalhei para conseguir. Que o não cumprimento de algumas metas não nos desanime a alcançar outras tantas. A luta não termina nunca. Sempre avante. #SOVENCEQUEMPELEJA.

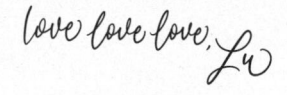

love love love, Lu

Ouça: "Drive" — Incubus

Ninguém constrói algo sólido e faz a diferença sem se despedaçar um pouquinho

Parei para respirar e comer alguma coisa em um café no meio do caminho. Respirar e agradecer. É assim mesmo, ninguém constrói algo sólido e faz a diferença sem se despedaçar um pouquinho, sem se dividir em 1.000, sem abrir mão de alguma coisa, sem se entregar 100%. Ninguém constrói algo sólido sem tropeçar pelo caminho, errar & reconhecer e consertar o avião no ar. Fazer as coisas bem-feitas, querer ser melhor todos os dias e não esquecer de se priorizar dá MUITO trabalho, mas na mesma proporção dá satisfação e alegria. Ainda bem. Afinal, o melhor reconhecimento vem ao deitar a cabeça no travesseiro e, mesmo diante das adversidades do dia, abraçar-se generosamente e orgulhar-se de todas as pequenas – grandes — vitórias. Somos todas vitoriosas. Cada uma na sua batalha deliciosa que é viver.

love love love, Lu

Ouça: "Cosmic Girl" — Jamiroquai

Não adianta querer mudar o mundo se a pia fica para depois

Eu identifico o estilo de vida de uma pessoa pela quantidade de louça na pia. Ou pior, julgo (com humor). Preciso confessar.

Na minha criação, lavar louça e arrumar a casa nunca foram sinônimos de obrigação, mas sim de qualidade de vida. Desde cedo, aprendi a arrumar a cama, os brinquedos e a fazer as funções domésticas, independentemente de ter alguém para nos ajudar. Como dizia o meu pai: "Não é porque tem alguém para fazer que não vamos aprender. Se puder ajudar, faça". Isso virou um hábito.

Morar sozinha só potencializou ainda mais o senso de organização na minha vida. "Se você sempre arrumar, bagunçado nunca vai estar." De fato. O que não quer dizer, é claro, que eu não deixe a cama sem arrumar ou uma pia para o dia seguinte, mas, com certeza, vou arrumá-la antes mesmo de deitar e deixar a limpeza da pia como a primeira atividade do dia. Não sei para vocês, mas minha paz de espírito só é alcançada com a casa em ordem.

Eu fico imaginando como deve ser a agenda de uma pessoa, as contas bancárias e a higiene pessoal se a própria casa é uma bagunça.

Desculpa, eu não consigo desassociar. Uma casa bagunçada e uma pia lotada dizem muito sobre o comportamento humano, sobre o nível de gentileza com as pessoas que contrata e também sobre a maneira como ela lida com os problemas. Já conheci gente que tinha a ajuda da diarista uma vez por semana e ia acumulando a louça na pia e fechando a porta da cozinha para a bagunça não incomodar. "Ah, depois alguém resolve." Só eu acho que quem não liga para essas coisas simples deve sofrer e ser todo bagunçado com problemas complexos na mesma proporção? Imagino as pessoas mais bagunceiras não olhando para os próprios problemas até serem engolidas por eles.

O peso que uma bagunça tem pra mim não é o mesmo pra você. Ainda bem, imagina se todos no mundo fossem iguais? Mas devo admitir que escolhi o meu marido pela pia e pela gaveta arrumada, pois, na minha vida, isso é premissa básica. Não adianta querer mudar o mundo se a própria pia fica para depois.

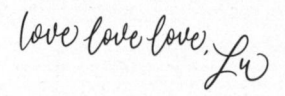

love love love, Lu

Ouça: "Cotidiano" — Chico Buarque

Poucas mulheres falam sobre sexo abertamente: masturbação

Poucas mulheres falam sobre sexo abertamente, poucas conhecem seu potencial sexual. Ainda é a minoria que se sente confortável para se masturbar. Assumir as rédeas para decidir o que bem fazer com o nosso corpo, então, somos poucas. Infelizmente, ainda não somos a maioria. Está certo que essa geração tem assumido uma consciência diferente, menos impositiva, menos machista, mas ainda existe um longo caminho a percorrer.

Outro dia, conversando com uma amiga, estávamos comemorando a nossa autossuficiência sexual. Sim. A nossa alegria foi lembrar quão prazeroso é saber aproveitar e conhecer o próprio corpo e como é boa a sensação de ter a certeza de que não precisamos de ninguém para sentir prazer, caso a gente deseje. Ter uma relação sexual com outra pessoa é maravilhoso, mas pode ser mais libertador não ter que depender de terceiros para alcançar a satisfação. Quando conhecemos o nosso corpo e descobrimos esse potencial, ah, meus amigos, não nos contentamos com migalhas.

Desde o início da nossa vida, assistimos à sexualidade masculina ser estimulada e tratada com permissão e a feminina com repressão, e isso é mais prejudicial do que imaginamos. A não exploração do nosso corpo e a objetificação dele nos distanciam da nossa essência, do nosso templo. Fazem com que a gente "se conheça" pela percepção do outro. Crescemos suscetíveis a mitos, tabus e a acreditar mais no que os outros falam. Afinal, você nem se conhece.

Não reconhecemos os próprios sinais, não nos estimulamos a sentir prazer, e o corpo, que era para ser o nosso maior potencial, vira um objeto de serventia. A impressão que tenho é de que distorceram totalmente a visão do que o nosso corpo representa, principalmente por toda essa sexualização que ensinaram que ele carrega. Naturalize o corpo nu, naturalize se masturbar, naturalize se conhecer. Não tem nada de errado em se descobrir e gostar de si mesma.

Seja dona do seu templo, estabeleça os seus limites e fale sobre sexo. Reconhecer suas vontades vai fazer com que você as expresse de forma clara. Até que ponto estamos negando nossos próprios afagos e nos distanciando da nossa relação com nós mesmas? Amar-se é, ao mesmo tempo, indecente, inocente e seguro, pois não existe julgamento, só uma entrega absoluta. Esse ato reforça sua autoconfiança e te dá coragem para permitir que os seus desejos mais secretos sejam expostos e realizados em qualquer outra relação.

Aproveite que a quarentena desencadeou uma redução das possibilidades externas de prazer e encare-a como um convite para se reconectar com seus sentidos.

Assuma as pick-ups e seja a DJ da sua própria festa. Você merece.

love love love, Lu

Ouça: "Quit" (feat. Ariana Grande) — Cashmere Cat

Para viver o amor, existem vários caminhos

É triste ter que acontecer tanta tragédia para o mundo — me incluo aqui — acordar para um problema que acontece desde os primórdios da humanidade[2]. Eu nem consigo imaginar, mas, se as mobilizações e as ações que aconteceram nas últimas semanas causaram o mesmo efeito em outras pessoas que provocaram em mim, valeu muito. Está aí o objetivo dos movimentos sociais: arrancar-nos da nossa caixinha e nos trazer para outra realidade. Fiquei incomodada com o que antes não me incomodava, ainda bem.

Ao longo dos últimos dias, eu constatei a nossa ignorância. Reconheci meu erros, meus privilégios e tudo o que eu poderia fazer e ainda não fiz. Calei-me, li, reli, vi vídeos, absorvi muita coisa que, diante de tudo, ainda não é nada.

O racismo manifesta-se de diversas maneiras e faz vítimas todos os dias. É difícil de digerir, eu sei, mas, se dói na gente que "assiste" a tantos absurdos, imagina para quem sente. E está aí o ponto: não podemos ser meros espectadores da desumanidade. Precisamos agir. O preconceito racial não é exclusivo do Brasil e manifestações de racismo acontecem a

---

[2] Texto escrito em junho de 2020, após os protestos decorrentes do assassinato de George Floyd, nos Estados Unidos.

todo momento, mas eu não quero ser cúmplice disso e espero que você também não.

Ainda esta semana, vi um filme superantigo, de 2004, cheio de piadas e diálogos machistas, homofóbicos e racistas que antes passavam batidos e ainda nos arrancavam gargalhadas, mas hoje já desagradam os ouvidos. Se olharmos para trás, são inúmeros filmes, livros, músicas e atitudes que atualmente não passam despercebidos (nem devem). Eu já escrevi bobagem, já errei e posso fazer melhor. É inútil querer justificar e apagar o passado, mas é possível reescrever uma história diferente sob uma nova perspectiva.

Dei-me o dever de casa permanente de me interessar mais pela história do outro e apoiar medidas de inclusão, não para todo mundo ver, mas para eu sentir dentro do meu coração que eu estou fazendo mais e melhor.

O #BLACKOUTTUESDAY me resetou para uma nova consciência, aprendendo todo dia uma coisa nova para me desconstruir e construir de novo.

Nesse movimento, alguns protestam na internet, outros nas ruas, alguns silenciosamente, outros se educando ou refletindo e conversando com a família e amigos. Para viver o amor, existem vários caminhos. Seja gentil com você e com quem está caminhando na mesma direção. Cada um tem a sua jornada, todos temos pontos cegos e ninguém é melhor ou pior por isso.

Que sejamos vigilantes das nossas atitudes para que a nossa evolução seja contínua e permanente.

love love love, Lu

Ouça: "Undercover Martyn" — Two Door Cinema Club

Todo término é um recomeço

Recebi uma mensagem um dia desses e resolvi responder da forma que faço melhor. Para vocês. "Cheguei a achar que mulher sonsa é mais feliz, que fecha os olhos, sabe? Se eu nunca tivesse ido atrás de nada, eu estaria pleninha e feliz da vida, com um cara que eu amo." A troco de quê? De um amor também ensaiado, sem a entrega que você merece?

Abrir mão de si mesma jamais vai te trazer felicidade, tornar-se uma pessoa da qual você não se orgulha também não. Viver com a pulga atrás da orelha não vai te trazer felicidade, contentar-se com pouco — ou quase nada — também não. Fechar os olhos para viver uma realidade inventada não vai te trazer felicidade, viver somente para agradar os outros também não. Não viver a liberdade de ser quem se é dentro de um relacionamento não vai te trazer felicidade, viver fiscal da vida alheia também não.

Anular-se e calar os próprios instintos e sentimentos não é sinônimo de felicidade, e não querer encarar a verdade também não.

Precisamos da verdade sempre. Seja para superá-la ou não. A mentira é conveniente, mas não traz contentamento, apenas insegurança.

A partida pode doer, a mentira também, mas dói mais abrir mão da própria paz. Escolha viver um relacionamento e não TER um. Ter um relacionamento envolve posse, ego, viver envolve troca. E, nessa troca, cada um entrega o que tem, na sua frequência, e tudo bem, mas a única coisa entregue na mesma intensidade precisa ser a verdade, pois ela pode ser superada; a mentira, muitas vezes, não.

Orgulhe-se por ter escolhido VIVER o amor. Se não com outra pessoa, consigo mesma. Viva o amor mais pleno que você tem: por você e pela mulher maravilhosa que vem se tornando.

Seja a sua versão mais divertida, a qual você admira, que dá o seu melhor sem esperar nada em troca. Encha-se de si e saiba o seu valor a ponto de convencer qualquer um. Por que, se você mesma duvida, vai ser difícil convencer alguém.

Todo término é um recomeço. Namore essa pessoa que tem tanto pra entregar e você nem percebeu.

Prazer, você.

love love love, Lu

Ouça: "i hate u, i love u" (feat. Olivia O'brien) — Gnash

Por mais ídolos que nos façam voar

O serviço *on demand* foi algo que revolucionou a minha vida. Para alguém que há uns bons anos tirou da rotina o hábito da TV e limitou o uso dela apenas a filmes e séries, poder assistir ao que quero e quando quero é realmente um privilégio.

Mesmo com o poder de escolha, antes do *lockdown*, eu pouco assistia qualquer coisa. A minha rotina de trabalho me levava pra cama tarde o suficiente para só querer dormir e nem isso fazia mais. Tudo bem. Tenho consciência de que o meu tempo foi muito bem aproveitado longe da telinha.

Mas, se tem uma coisa que a quarentena trouxe de volta para a minha vida — e acredito que para todos —, foi o reencontro com o sofá. Na falta de jantares, aniversários, eventos noturnos e horas extras no escritório, o melhor *happy hour* tem sido na frente da TV, seja no aconchego do *boy* ou em cima da *bike*, pedalando como o exercício do dia. Virou o meu programa favorito.

Depois de horas na frente do computador, trabalhando, e de receber notícias desagradáveis (porém necessárias), nada melhor do que mergulhar em algum universo paralelo da ficção ou documentários. Aquele momento do dia para pensar em nada, pensando em tudo. Pois é. Assim defino as minhas horas de Netflix e afins. Eu não sei para vocês, mas tudo o que assisto tem sido fonte inesgotável de inspiração e reflexão. Tenho uma lista de filmes sobre os quais quero compartilhar alguns pensamentos. Meu bloco de notas segue uma loucura.

No último domingo, terminei de assistir a *The Last Dance*, o documentário que fala sobre a última temporada do Michael Jordan no Chicago Bulls, de todo o contexto da carreira do maior jogador da história da NBA e da formação de uma equipe jamais vista que elevou o esporte a outro patamar. Se a produção era a coisa mais esperada pelos fãs de basquete, com certeza o sucesso do documentário não se limita aos entusiastas do esporte. Minha dica é: assista.

Um documentário sem nenhum viés de idolatria, com histórias positivas e negativas do astro MJ, pontos controversos de Jordan, acessos incríveis a depoimentos e bastidores do basquete e a visão fascinante de um dos atletas mais emblemáticos da história.

Eu poderia levantar vários pontos de atenção dos dez episódios, mas vou me ater ao fato de que a determinação de Michael Jordan prevaleceu diante de tudo o que foi apresentado. Antes de assistir, tinha lido o seguinte comentário: "Quem vir o documentário vai achá-lo uma pessoa horrível". Discordo.

Michael Jordan foi rude (para não dizer pior) com colegas de equipe em vários momentos, tinha seus vícios (apostas), sua competitividade era desconfortável e sua trajetória foi de erros e acertos, mas nada disso supera o exemplo que ele foi de superação e determinação para chegar ao posto a que chegou. Ele batalhou duro por isso.

Seu controle psicológico de viver o momento presente e entregar tudo de si e de se preparar em todos os níveis (físico e emocional) foi admirável. Ele sabia da sua missão e estava disposto a pagar o preço. "Vencer tem um preço. Ganhar tem um preço." Sua rigidez quase militar também foi reconhecida pelos colegas como fator crucial para a evolução de todos.

Eu acho incrível ter acesso ao outro lado da moeda. Saber um pouco mais sobre a trajetória de Jordan, sobre os desafios e conquistas, com a falta de liberdade e o circo da mídia em torno de tudo o que o envolvia me fizeram admirá-lo ainda mais.

A atuação dele foi heroica com todas as virtudes que o termo carrega. Teve coragem, resiliência, fé, força de vontade, paciência e autossacrifício. Seus horizontes de atuação resultaram em um processo de desenvolvimento humano motivador. Por mais ídolos que nos façam querer voar.

love love love, Lu

Ouça: "Space Jam" — Quad City DJ's

Ah, Thomas Shelby...

Q uando eu, aos 28 anos, caí de amor platônico por um personagem de série, demorei para acreditar. Quando me peguei salvando mil fotos do personagem, pensando nele ao longo de alguns dias e com saudade — real — das minhas noites sentada no sofá admirando Thomas Shelby, eu ri para não chorar.

Terminei de assistir a *Peaky Blinders* faz uns dois meses, mas Tommy continua sendo assunto recorrente em conversas e o centro das atenções em horas a fundo no Pinterest. Só perde para o meu noivo (ainda bem). Parece loucura, né? Por sorte, não sou a única.

O ator Cillian Murphy está longe de ser um galã de filme com aquela descrição-padrão do "Ken da vida real" da qual, confesso, sempre tive pavor. Pelo contrário, já ouvi dizer que ele tem uma beleza andrógina, ar enigmático, fora do óbvio e talvez por isso atraia tanto a atenção. Mas, como todos sabem, em uma paixão platônica o foco nunca foi a beleza, mas sim o conjunto da obra.

No conjunto da obra, a estética da série é incrível, a fotografia, a trilha, os diálogos e até os costumes da época. Fumar só foi charmoso na década de 1920, vamos combinar. Tudo isso contribui para o encantamento do personagem, porém, mais uma vez, não é só isso. Quando parei para me questionar e tentar encontrar o motivo real dessa admiração, encontrei o X da questão. A beleza e todos esses outros fatores não teriam a menor relevância se não fosse pela personalidade do personagem e pela capacidade extraordinária do ator de dar vida a ele.

Thomas Shelby é um homem cheio de falhas, traumas e erros possíveis, o que faz dele um ser humano palpável e não fictício. Só isso já nos aproxima, pois, não sei vocês, mas eu nunca me iludi com a ideia de um príncipe perfeito. Enxergando as qualidades, que sobressaem aos defeitos, vejo um homem corajoso mesmo quando sente medo, leal, protetor e generoso. Isso tudo o tornaria o macho alfa da série, mas ao longo de toda a trama ele faz questão de mostrar de onde vem a força e a inspiração dele: das mulheres. Nada tira os holofotes de Tommy, mas é incrível ver como ele reconhece na Tia Polly, em Grace, Ada, Lizzie e até em Esme pessoas igualmente fortes, corajosas e fonte de inspiração.

Faça a soma de tudo isso e esqueça a perversidade e a quantidade de sangue da época. Um homem real, enigmático, seguro de si e que valoriza e respeita uma mulher. Pode ser mais sexy?! O amor por Thomas Shelby é platônico, pois é inalcançável, unilateral e até poético, mas, se eu não tivesse encontrado uma versão real com essas qualidades para ser meu companheiro, muito provavelmente eu mergulharia no mundo em busca dele.

love love love, Lu

Ouça: "Little Room" — The White Stripes

Se nos vestíssemos cada dia como se fosse o último, que roupa você usaria?

Quantas vezes na vida você comprou aquela roupa pensando em uma ocasião especial? Ou guardou aquele vinho caro para uma comemoração importante? Aquela lingerie que continua guardada na seda, o salto de que nem tirou a etiqueta e aquela louça linda que segue no armário acumulando pó?

Já percebeu quanta coisa você deixou de fazer, usufruir e vestir imaginando uma circunstância que seria mais propícia do que agora?! Separando as minhas roupas em uma das mudanças, no último mês, me dei conta de que o meu armário não é categorizado. Se, em algum momento da minha vida, eu já tive o armário separado por roupas de "sair", de "trabalhar", de "festa", hoje não mais. Vi camisola que já foi pra balada, vestido chique que usei pra trabalhar, roupa de Réveillon sendo usada de mil maneiras, vestido de casamento no almoço de sábado, top de malhar que eu levei pra passear. Não tinha nada que estivesse guardado esperando uma ocasião especial. Ainda bem.

Fomos educados por um convencionalismo em que aprendemos a classificar tudo. Quanta bobagem. Ao fazer uma divisão, imaginamos para cada coisa uma circunstância propícia, o que nos faz esquecer do óbvio: o agora. Esperando a ocasião especial, nossas roupas e nossas coisas ficam envelhecidas pelo tempo, e os dias que poderiam ser mais bem aproveitados, se nos permitíssemos usar tudo o que guardamos, nos escorrem pelas mãos.

Em tom de brincadeira, a quarentena tem sido um exercício também positivo para todos nós. Nos arrumamos para nos sentir bem e mais animadas, sem esperar por alguma "ocasião especial". Não guarde o melhor perfume para as festas, nem aquele jogo de mesa lindo, muito menos o uísque que você ganhou do seu pai. Abra o seu melhor vinho para assistir Netflix, reinvente aquele vestido poderoso para ficar em casa, arrume o cabelo do jeito que você adora para se amar um pouquinho mais. A vida acontece nos dias normais, mesmo quietos dentro de casa.

Se nos vestíssemos cada dia como se fosse o último, que roupa você usaria, afinal?

love love love, Lu

Ouça: "Whisky a Go-Go" — Roupa Nova

Aniversários de papel crepom

Ninguém aguenta mais falar de quarentena, mas é impossível correr desse assunto ou deixar de citá-lo ao longo do dia ao menos uma vez. Esse "retiro espiritual" forçado tem feito a gente reviver tanta coisa... Mexer de fato no nosso baú. Na última semana, duas cenas me fizeram repensar muito sobre um assunto: aniversários.

Imaginem só, um garoto flamenguista sendo acordado pela família toda uniformizada, cantando parabéns em coro com balão, bolo e cartaz na mão. Ele era SÓ SORRISOS. Incrédulo, colocou a mão na boca de tamanho espanto ao ver uma mesa de café da manhã toda rubro-negra que o esperava com aquele bom e velho pão de queijo, leite com Nescau e bolo de brigadeiro. Pode ser melhor?

Cena dois: Minha sobrinha de dois anos, toda serelepe e linda, comemorando seu aniversário e soprando a velinha na mesa no fundo do quintal. A composição? Brigadeiros coloridos, salgadinhos nas vasilhas, uma dúzia de balões presos na parede e a família inteira de bonecos da Peppa Pig na mesa servindo de decoração. Os olhinhos dela brilhavam pelo vídeo.

Ver essas cenas pela tela do celular encheu meu peito. Eu sorri por dentro e voltei algumas casas. Por alguns momentos, revivi pequenas (grandes) comemorações. Festa-surpresa embaixo do bloco em que cada um levava uma comida e bebida (meninas, doces; meninos, salgados), aniversários com balão pregado com fita dupla-face, mesas decoradas e balas de coco enroladas em papéis coloridos, cartaz de parabéns recortados à mão, panelão de cachorro-quente, bolo decorado com confetes, docinhos enrolados em uma força-tarefa dos familiares e aquela vela reaproveitada de Piu-Piu e Frajola que também foi do meu irmão.

Em que momento da vida tudo passou a ser tão *fancy* (chique)? Em que momento as comemorações deixaram de ter quatro sacos de balões enchidos com o suor da família e passaram a ter um caminhão de orquídeas, elefantes de circo em tamanho real, bolo de cinco andares e vinte variações de doce? Em que momento tantos detalhes gostosos e cheios de significado se perderam? Em que momento da vida passamos a delegar nossas funções afetivas a terceiros? Não sei dizer, mas a impressão que eu tenho é de que tudo se terceirizou.

Não digo que não devemos contratar especialistas do ramo para fazer festa ou ajudar com o que for preciso. Afinal, quem consegue organizar tudo sozinho?! Pelo contrário, precisamos gerar emprego e valorizar o trabalho desses profissionais que fazem mágica, mas não podemos nos abster inteiramente dos processos e dos detalhes, pois é desses momentos que nos lembramos mais.

No final das contas, não é somente aquela festa produzida e decorada pela maior empresa da cidade, com 200 convidados, que mais vai ficar na memória, mas também aquela comemoração improvisada, com bolo de supermercado, a boate no breu da sala de casa e a *playlist* escolhida na hora pra todo mundo cantar. A reclusão é um resgate delicioso dos aniversários de papel crepom para nos lembrar que a felicidade também mora nas coisas simples.

love love love, Lu

Ouça: "Aquarela" — Toquinho

Rituais: leitura

Eu sempre consegui manter um ritmo considerável de leitura de livros, mas, em 2020, o primeiro que peguei foi no mês de abril. Nos primeiros meses eu me senti culpada, mas depois entendi que não tem nada a ver. Eu leio muito o dia inteiro. Meu trabalho exige isso. Notícias, artigos, textos e estudos de diversas áreas.

Entendi que a minha frustração não era por "não ler", afinal eu faço isso todo dia. E muito. A relação que tinha sido abalada e fonte do meu desgosto eram os livros físicos. Eu estava chateada por não conseguir viver um: dobrar, grifar, anotar... Tudo faz parte do meu ritual de leitura, e era disso que eu estava sentindo falta.

A tecnologia avança, e a leitura de livros pela tela do celular já virou algo corriqueiro, mas confesso que o meu coração ainda mora e sempre vai morar nas páginas marcadas, grifadas e tocadas, pois pegar um livro para folhear não é só prazer, é também escapismo. Uma fuga das telas de computador e celular para as quais, no final do dia, eu não aguento mais olhar.

Registrei esse momento em uma foto para marcar um reencontro, mas desta vez sem cobrança, sem pressa e com prazer. Afinal, uma relação nasce da consequência de sentimentos mútuos, e não da obrigação de um encontro numa sexta à noite.

love love love, Lu

Ouça: "Conversa de botas batidas" — Los Hermanos

Cancelamento virtual

O universo digital é maravilhoso por uma lista infindável de questões, mas todos sabemos quão cruel esse universo paralelo pode ser.

Hoje eu não vou falar da repressão em si, extremamente necessária tanto no meio digital quanto no real. Situações graves pedem uma postura firme, denúncias e repressão. Não podemos ser tolerantes com uma série de coisas, e medidas precisam ser tomadas para que haja uma sociedade melhor e mais respeitosa. Isso não entra em questão. Mas ser reprimida e punida por um erro é uma coisa, ser linchada é outra.

O linchamento virtual, ou cancelamento, não vem de hoje, mas ele ganha dimensões assustadoras com o potencial difusor da internet. E, o pior, ninguém sabe a hora de parar. Ele só demonstra uma incapacidade de sair de nós mesmos e ir ao encontro do outro, o que parece ser uma premissa básica das relações humanas. No final das contas, gera mais conflito e não resolve o problema. É cruel.

Uma onda de xingamentos, suposições, agressões, pedradas, chutes, socos e pontapés sendo lançados pela ponta dos dedos de pessoas "perfeitas". Vejam só.

A sensação de assistir a um linchamento e cancelamento virtual me faz lembrar a Idade Média. Eu fico mal só de ler sobre tanta maldade, falta de respeito, angústia e raiva sendo despejadas em uma única pessoa. Um tribunal virtual composto de pessoas livres de errar. Pois é.

Ao longo da sua vida, quantas vezes você já errou? Quantas vezes cometeu erros inadmissíveis? Muitas. Tenho certeza. Somos falíveis. Até as pessoas mais poderosas e admiradas erram e podem errar feio, porque, por trás de grandes poderes e grandes responsabilidades, existe um ser humano igualzinho a você. Não digo para passar o pano em atitudes irresponsáveis, mas para se colocar no lugar do outro. No lugar de quem um dia vai errar também.

Eu acordei com medo de errar, pois, em um momento em que se pede tanta verdade, vulnerabilidade, humanidade, um erro já é punido com guilhotina. É incoerente. Eu não quero fazer parte de um mundo que aponta o erro do outro como se nunca tivesse errado também.

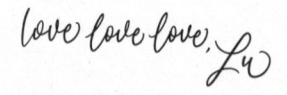

love love love, Lu

Ouça: "Por quase um segundo" — Cazuza

Snapchat dysmorphia

"Padrões de beleza existem há séculos, mas nossa recente fixação por uma aparência computadorizada e pouco realista pode representar para nós riscos físicos e psicológicos — e deixar todo mundo com o rosto da Kylie Jenner."

Essa era a chamada de uma matéria da revista *Elle* que falava sobre a fixação por uma aparência irreal que estamos acostumadas a ver diariamente através da tela do celular. Verdade.

Que atire a primeira pedra quem não saca logo um filtro para fazer aquele story depois de acordar, ou que não recorre a algum filtro para se "salvar" da falta de produção. Duvido que alguma de nós passaria ilesa. Já virou hábito. Se formos pensar, nos olhamos mais pela tela do celular munidas de algum filtro do que pelo próprio espelho de casa. Estamos acostumadas com uma versão computadorizada de nós mesmas. O espelho não mostra mais o nosso reflexo cru. Ele já vem com pele tratada, bochecha corada, nariz afinado e lábios enormes. Se a "brincadeira" parasse por aí, tudo bem, mas a febre dos filtros está influenciando a mudança da nossa aparência física no mundo real, não apenas no virtual.

Segundo outra matéria do *Steal The Look* sobre o assunto, "um fenômeno recente chamado *Snapchat dysmorphia* mostrou que um grande número de jovens mulheres norte-americanas está levando a cirurgiões plásticos fotos de si mesmas com filtros, dizendo que é assim que elas querem parecer". Um cenário, no mínimo, preocupante.

Outro dia, pensando sobre o meu próprio comportamento e de outras pessoas que acompanho diante dos filtros do Instagram, consegui visualizar tudo. Eu realmente me vejo mais pela tela do celular com algum filtro do que crua, e é impressionante e assustadora a quantidade de jovens de 15 a 19 anos com o rosto das Kardashians e um semblante de uma mulher de 27. Me peguei questionando como será o rosto dessas meninas aos 35, já que até lá não vão ter mais nenhum tratamento para fazer, pois antes dos 20 já experimentaram quase tudo. Isso se ainda se reconhecerem, tamanhas as mudanças ao longo do caminho. Sem julgamentos, só uma reflexão.

A linha entre o criativo e o problemático é tênue, e entre o que é preventivo e exagerado também. Os tratamentos estéticos são a cereja do bolo e uma excelente ferramenta para nossa autoestima, mas anda faltando bom senso de todos os lados. Em um momento em que se preza tanto o *body positive*, a naturalidade nua e crua, mascaramos nossa realidade com filtros, sejam eles do Instagram ou das mudanças visuais drásticas que nos transformam em versões quase irreais de nós mesmas.

Precisamos estar felizes em ser o que somos e da maneira como somos. Eu sou a mudança em pessoa, tenho pavor de permanecer a mesma, seja no pensamento ou no visual. Não nego que amo uma transformação. Não sou contra silicone, nem lipo, nem botox, nem preenchimento ou qualquer procedimento. Já fiz alguns e faria de novo, mas sempre tive medo de parecer quem eu não sou. Sair do real para o surreal, sabe? Virar o resultado de um experimento, e não do tempo e das transformações naturais da vida. Nunca digo *nunca*, mas me policio muito para não agir contra o tempo, contra o meu biotipo, contra a minha natureza. Tudo o que vier vai ser pra lapidar, e não modificar.

Por último, busco me lembrar de que, antes de qualquer mudança externa, uma interna precisa acontecer. Uma afirmação de que sou suficiente, independentemente de qualquer mudança. De que tudo o que eu fizer será para melhorar a minha versão e não para me tornar a semelhança do outro, pois é pelo que tenho de único que me reconheço. Vamos utilizar os filtros e as transformações estéticas para exaltar o lado positivo e individual de cada uma de nós, não para nos transformarmos no resultado de padrões de beleza estipulados que nos fazem escravas de uma busca inalcançável.

love love love, Lu

Ouça: "Barbie Girl" — Aqua

Senso de urgência

"Ninguém vai morrer se você tirar uma hora do dia pra você", ele me disse.
Verdade. Já podemos colar na testa.
Eu tenho um senso de urgência que me irrita. Não para tudo, graças a Deus, mas, quando o assunto é trabalho, fica puxado. Desde menina eu sou proativa. Eu podia até pedir ajuda pra alguém, mas preferia me dividir em três do que ter que esperar alguém fazer algo por mim. Enquanto criança, ok. Adolescente, também. Mas, na vida adulta, já não funciona bem assim. O senso de urgência, como tudo na vida, pode ser bom e ruim, depende da dosagem, mas de vez em quando me pego vivendo ele em doses cavalares.

Já adultos, passamos da fase de não aceitar ajuda. Não dá para viver o dia em 24 horas. É muito pouco. Já nos rendemos e entendemos que não dá para cumprir as mil funções do dia, mas, mesmo assim, ainda nos cobramos pela nossa própria urgência. Isso mesmo. Nossa, só nossa. Quase sempre a maluquice e a ansiedade que nos afloram são fruto de um prazo estipulado por nós e para nós. Eu sofro disso. Com a minha própria cobrança de entrega, de superação, de perceber uma demanda antes mesmo que ela aconteça. Isso é bom, mas não precisa ser sempre.

Verdade. Já podemos colar na testa.

Ser dona do meu próprio negócio e empreender potencializou isso em mim. Eu vivo um desafio diário para administrar o que é saudável e necessário. Pois é preciso, sim, virar noites, abrir mão de muita coisa para ir além, mas não precisa ser sempre. A linha entre o que faz parte do jogo e a maluquice que adoece é tênue, e precisamos encontrar um termômetro. Recentemente, descobri o meu: a culpa.

Quando me sinto culpada por fazer algo por mim, rebobino a fita. Silencio, reorganizo, priorizo as funções da "casa" para continuar. Não pode ser normal se sentir culpada por tirar uma hora para malhar se a demanda está em dia. Não é normal se sentir culpada por tirar umas horinhas a mais de almoço com as amigas se está tudo em ordem e não pode ser normal não conseguir relaxar por algumas horas se estiver longe do celular. Não é normal.

Criei esse termômetro para preservar a sanidade, pois quase sempre o motivo da culpa é um mero desatino, e aproveito para me libertar. Acabo rindo sozinha e me rendendo ao hiato que existe entre o fazer as coisas com antecedência ou deixar tudo pra depois. Tomara que esse senso de urgência também nos cobre esse momento de pausa tão valioso para nos reencontrar.

Verdade. Já podemos colar na testa.

love love love, Lu

Ouça: "Far Away Place" — Xinobi, Rampa

Escrito nas estrelas

Eu sou uma pessoa influenciável. Confesso. Corro de qualquer tipo de previsão do futuro, pois, se alguém vir em uma carta ou ler na minha mão que eu posso quebrar uma perna, já saio tropeçando.

Minha postura na vida é não desacreditar de nada, e por isso, muitas vezes, prefiro nem saber. Por muito tempo eu enxerguei a astrologia de uma maneira desconfiada. Eu achava que sairia da sessão com o meu destino traçado, dá pra acreditar?

Curiosa como sou, de tanto ouvir falar, fui atrás de mais informação sobre como os astros poderiam influenciar minha vida e se aquilo ali, de fato, era pra mim.

Astrologia não é previsão, é também ciência. Envolve crença e muito estudo. De todas as definições e utilizações, ela é, antes de tudo, uma ferramenta poderosíssima de autoconhecimento, e foi aí que ela me ganhou.

Na busca incansável pela minha melhor versão, procuro sempre me conhecer mais e de uma maneira nova, logo, essa ferramenta poderia me fazer bem. E fez. Desde que fiz meu mapa astral, em meados de 2014, consulto regularmente os astros (faço revolução solar uma vez ao ano) e não vivo sem.

A astrologia deu nome para sentimentos e sensações que antes eu não entendia, curou feridas, limpou minha visão quando tudo parecia embaçado e trouxe luz para a pessoa que eu sou e venho me tornando. Na astrologia, eu não busco respostas, mas procuro enxergar caminhos e energias favoráveis sobre determinados aspectos e sobre o que eu preciso dar atenção e cuidar.

Todo ano, o nosso mapa vem riscado com linhas azuis e vermelhas. Ambas representam pontos favoráveis (bem prospectados) e desafios, respectivamente. Praticamente toda a sessão é em cima deles. No início, lembro que ficava receosa toda vez que contabilizava os riscos vermelhos e até os associava a um ano "ruim". Pura bobagem da minha parte.

Na caminhada da maturidade e com o decorrer do tempo, percebi que os anos mais desafiadores foram os anos em que mais evoluí, pois é no desafio que acontece a verdadeira transformação, e não quando tudo está apenas um mar de rosas.

Passei a encarar os desafios como degraus para a minha evolução, e não como dificuldade. Mudar essa percepção melhorou a forma como recebo as informações e lido com a realidade. Foi um processo, mas considero uma das escolhas mais assertivas que já fiz. Afinal, evoluir dá trabalho, mas hoje eu prefiro que seja assim. Quanto mais desafiador, mais eu sei de mim.

Eu depois de amanhã.

love love love, Lu

Ouça: "Leoa" — Pedro Salomão

O abuso nem sempre é óbvio

A violência tem muitas faces, e nem todas são fáceis de identificar e, consequentemente, de escapar. A violência pelo abuso psicológico é a mais comum. Por ser tão enraizado na nossa cultura e visto com normalidade por corações apaixonados, muitas pessoas vivem em um relacionamento abusivo sem saber.

Eu já perdi as contas de quantas situações de abuso presenciamos sendo mascarados por "excesso de cuidado". Posso dar um exemplo simples e prático, o famoso "NÃO PODE".

Para início de conversa, ninguém é dono de ninguém. Relacionamento não é posse, não é sobre ter, é sobre ser com alguém. Dentro de um relacionamento, se roubamos a autonomia da outra pessoa de ser, estamos sendo abusivos e, dependendo da profundidade, violentos.

É um discurso comum por parte de homens e mulheres dizer que não gostam da versão livre do parceiro e, por isso, podam o comportamento da pessoa e impedem que ela exerça a própria liberdade dentro da relação. Resultado: angústia, vazio, julgamento, baixa autoestima e uma série de problemas desencadeados pela falta de ser quem somos.

Nós devemos ser amadas pela versão livre, e não por uma que se enquadre em um molde que sirva melhor ao nosso parceiro.

É natural que, dentro de uma relação, muita coisa se adapte, mas isso deve ser uma escolha consciente, e não uma imposição ou condição para que o relacionamento dê certo. Todos nós mudamos um pouco quando somos expostos a um novo parceiro, mas isso vira um grande problema se você sente a necessidade de modificar quem você é, fundamentalmente, para agradar ao outro: "Não pode tirar foto assim", "Não pode ver aquela amiga", "Não pode voltar X horas".

Precisamos ter autonomia sobre as nossas escolhas, sobre quem somos e o que fazemos. Em várias situações, pode parecer mais cômodo se enquadrar em uma formatação que satisfaça ao parceiro, mas o preço pode ser alto demais. A falta de liberdade uma hora bate à porta.

Jamais abra mão de você.

Conheça o projeto @justiceirasoficial

love love love, Lu

Ouça: "O seu grande amor" — Lourena, Haga

Não julgue o livro pela capa

Eu tinha acabado de terminar o meu treino e — a caminho de casa — fui dar aquela checada básica no Instagram. A primeira publicação que apareceu ao abrir o celular foi de uma pessoa que acompanho há algum tempo e tenho adorado seguir. Parei na foto e pensei comigo: "Como ela é inteligente e linda. Que astral bom".

Antes que pensem que eu guardei os elogios pra mim, fiz e sempre faço questão de comentar algo de que gosto, e dessa vez não foi diferente.

A diferença foi que, ao digitar a mensagem, por um breve momento rebobinei a fita e me lembrei que aquela pessoa ali, a qual hoje eu conheço, admiro e acompanho, um dia já foi bem "sem sal" aos meus olhos. Vejam só.

É engraçado como são as coisas, como tiramos conclusões rasas, como julgamos o livro pela capa. Dizer que é normal pode soar estranho, mas julgar os outros é algo comum do ser humano. Esse fato não se torna trágico quando guardamos nossos julgamentos para nós mesmos e quando nos permitimos ser surpreendidos e mergulhamos um pouco mais na profundidade das coisas e das pessoas.

É preciso mergulhar, pois uma coisa é fato: a maioria dos julgamentos é rasa.

Após fazer o tour mental e reviver todo esse processo de envolvimento com a pessoa, de perceber como pude acompanhá-la e conhecê-la melhor, abri um sorrisão. Ali, aquela pessoa que antes era "sem sal" agora tinha um tempero todo especial.

Abrir minha mente e me permitir conectar com novas pessoas tem ampliado minha visão de mundo. Nem sempre é fácil, pois abrir a mente é romper as próprias barreiras, mas nos faz pessoas ainda mais tolerantes. A capacidade de ver a essência (profundidade) de pessoas e situações é uma consequência de viver uma vida equilibrada. Tenho buscado isso.

A essência está no que as coisas e as pessoas são, não no que têm ou aparentam ser.

Quanto mais nos esforçarmos para sair do raso de julgamentos e conclusões em busca de compreensão e entendimento, maior a nossa consciência. Quanto maior a nossa consciência, mais ânimo temos para mudar a nós mesmos. Quanto mais mudamos a nós mesmos, melhor nos tornamos. Quanto melhores nos tornamos, mais mudamos o mundo com a nossa presença.

love love love, Lu

Ouça: "Fiction" — The xx

Como você está?

—Ei, amiga, como você está? Faz tempo que não nos falamos.
—Amiga, não estou bem. Não tenho vontade de fazer nada, sinto muita vontade de chorar, não consigo imaginar um futuro, não tenho sonhos, não sei mais o que fazer.

Minha primeira reação foi arregalar os olhos de preocupação atrás do celular e listar inúmeros motivos para que ela continuasse a sonhar, mas logo entendi que ela precisava de uma ajuda que ia além da que eu podia oferecer. Ainda mais a distância.

Quando recebi essa mensagem de uma amiga próxima, não questionei os motivos dela, não questionei o porquê de ela não ter aberto a situação real para nossas amigas mais próximas, não rebati, não fiz parecer absurdo, pois de fato não é. Eu acolhi.

—Você confia em mim e me ama como eu te amo? Então me promete que, como presente de aniversário, vai procurar a pessoa que eu te recomendar?

Meu aniversário tinha sido havia poucos dias quando essa conversa aconteceu. De imediato, eu a fiz jurar que me daria esse presente. Mandei o telefone de um profissional e pedi que ela marcasse uma consulta. Se não por ela, que o fizesse por mim e por tantas outras pessoas que a amam.

A depressão ainda é diminuída por muita gente e vista como frescura, mas ela é muito maior do que parece. Não é mera tristeza, falta de fé ou estado de espírito. É uma doença corrosiva e solitária. Ela não escolhe raça, religião, idade... Ela não escolhe os fracos nem os fortes. Ela existe e precisa ser exposta. Ela não pode ser segredo nem motivo de vergonha. Precisamos dar espaço para ela existir, pois só assim será possível combatê-la.

Setembro Amarelo joga os holofotes para a importância da saúde emocional e da gestão das nossas emoções. Tanto para prevenir a depressão quanto para acolher quem está passando por isso, pois, para acolher, é preciso que o nosso interior esteja preparado também.

Assim como não é simples enfrentar a doença, auxiliar alguém a superar o problema é desafiador na mesma medida. Portanto, se você precisa estar perto de alguém que necessita de ajuda, o primeiro passo é se cuidar.

Antes de mais nada, você precisa ter clareza de que a responsabilidade de curar o outro não pode ser sua. O tratamento da doença é permeado por instabilidades e precisa de ajuda profissional. É importante ter isso em mente, para não sofrer demais se a pessoa passar por uma recaída.

Acolher é muito mais sobre ouvir do que sobre falar. É sobre paciência, força de vontade, sabedoria e empatia. É sobre ser gentil. Uma vez li: "A gentileza é o jeito mais bonito de ser sol no dia nublado de alguém".

Eu escolho ser sol.

love love love, Lu

Ouça: "É tudo sobre você" — Morada

Fui obrigada a me perdoar na marra

A vida me pregou uma peça, e dela tirei mil lições. Atualmente, uma das coisas que julgo mais difíceis como adulta e empresária é me perdoar. Eu acordo todos os dias para dar o meu melhor e fazer a melhor entrega para mim e para o outro, mas, quando isso não acontece, acabo sendo muito cruel comigo.

Existem erros e falhas que julgamos ser inadmissíveis para os nossos papéis, e é deles que tentamos correr, mas nos esquecemos de que somos seres falíveis e nem sempre dá para ser 100%.

Na semana passada, eu havia agendado uma nova tatuagem. O desenho seria uma frase que me representa e que falo frequentemente e esteve presente em vários momentos da minha comunicação. Cheguei ao local, cuspi a frase, chegamos à fonte, colamos no corpo e "manda ver". Lembro bem de me sentir insegura em relação à escrita dela no momento em que cheguei, mas, na ansiedade e empolgação, acabei não fazendo uma dupla conferência. Pois é.

Quando terminou, fiquei extremamente feliz com o resultado, mas logo voltei para o trabalho e não tive tempo de curti-la. Ou melhor, de avaliá-la como deveria. No fim do dia, eufórica com o resultado, compartilhei a tatuagem em um post do

Instagram, mas me lembro de olhar pra foto durante a noite e ainda sentir algo estranho em relação à frase.

A foto compartilhada da tatuagem fez o maior sucesso. Muitas curtidas, comentários, compartilhamentos. De milhares de pessoas impactadas com o clique, apenas duas me mandaram direct e me ajudaram a clarear o que ainda estava turvo. Muito embora não seja um texto literário, cometi um desvio linguístico, no caso, o solecismo. Tatuei a frase da forma que sempre falei, desrespeitei as regras de colocação, concordância e regência do verbo "preferir".

Me dei conta de que inúmeras vezes cometemos, sem intenção, vícios de linguagem quando nos expressamos pela fala. Só que, desta vez, o erro de escrita foi tatuado na minha pele. "Logo você, uma jornalista, escritora, que escreve 24 horas por dia, em nome de tantas empresas e pessoas importantes? Como assim? Não pode! É inadmissível."

Aconteceu. Passei dois dias em silêncio, me autoflagelando.

Fui cruel, e foram necessárias muitas frases de autoafirmação para o perdão acontecer, mas ele veio e fiz questão de deixá-lo registrado aqui. Ou melhor, em mim, pois resolvi que não vou apagar a tatuagem e fazer de novo. Vou apenas passar um traço e acrescentar a preposição, mas vou deixar meu descuido marcado na pele, para que eu possa me lembrar que, toda vez que errar, será possível reescrever. Que os erros acontecerão no caminho e farão parte da minha construção e da minha melhora como pessoa e profissional. O erro vai me lembrar de que sou humana e de não desmerecer todo o meu esforço, a minha trajetória e o meu mérito.

Vou deixar registrado para que eu possa lembrar, dentre outras coisas, que, por trás de grandes responsabilidades, somos seres defectíveis e nem sempre vamos conseguir estar no controle de todas as questões. Que, muito mais do que o julgamento dos outros em relação às falhas, elas sempre vão me impulsionar a melhorar e a construir minha história.

    Escolhi dividir isso com o mundo, pois não quero ser admirada como uma pessoa perfeita e intocável, mas como uma pessoa que erra, aprende, evolui e segue em frente, sempre em busca da minha melhor versão.

    Seguiremos.

love love love, Lu

Ouça: "Shelter" — The xx

Sua PJ não anula sua PF

Quantas vezes você deixou de ser quem você é para caber em algum posto? Para se adequar a algum trabalho?

Quantas vezes você se adaptou ao que não era para caber em algum lugar?

"Cuidado com o que eles vão pensar de você", eles disseram... Pois é, alguém sempre vai dizer e pensar alguma coisa. Acredite.

Algum tempo atrás, a *hashtag* #MEDBIKINI foi pauta no mundo digital. Pesquisadores analisaram perfis de profissionais de medicina e tiveram a "brilhante" conclusão (contém sarcasmo) de que profissionais (mulheres) que postam fotos de biquíni e em momentos mais relax são menos capacitadas e antiprofissionais.

O preconceito (e prejulgamento) existe em todas as áreas. Não se iludam. Desde as mais tradicionais, como medicina e direito, até as ditas mais "liberais", como moda e comunicação, por exemplo.

Antes de mais nada, sabemos que, em todas as profissões, existem alguns protocolos que devem ser seguidos e respeitados, mas somente enquanto você estiver nesse papel, e não em todos os outros da sua vida. Nenhuma de nós exerce apenas um papel. Todas podemos também ser filhas, amigas, namoradas, funcionárias e donas de empresa. Quem somos na CLT ou no CNPJ não precisa nem deve anular quem somos como pessoa física.

Não são um post nas redes sociais ou seus gostos pessoais que vão determinar sua capacidade profissional, mas sim a entrega e a postura no momento em que estiver atuando. Você não é menos profissional por postar fotos em momentos relax, nem vai trazer menos resultado por não resistir a tomar alguns drinques, muito menos se mostrar incompetente por postar fotos de biquíni.

Ao trabalharmos nossa marca pessoal e a exposição nas redes sociais, sabemos quanto quem somos como pessoas agrega para o nosso lado profissional, e precisamos pensar nisso, porém sem esquecer o fato de que somos seres múltiplos.

Viver a liberdade de ser quem se é e livre de julgamentos não é fácil. Depende muito da capacidade de cada um de lidar com o que os outros vão achar. Envolve autoconhecimento, amor-próprio e valorização de quem somos, que deve ser construído e cultivado todos os dias, pois, independentemente da foto que você postar, alguém sempre vai pensar alguma coisa. Então, que ao menos seja a sua verdade, e não alguma outra que você esteja vivendo para "caber" em algum espaço.

Irracionalmente temos a necessidade de ser aceitos, mas ninguém deve se tornar escravo desse comportamento. Há quem fuja de conflitos e prefira abdicar de si pelos outros pensando em agradar a eles, mas esteja certa de que o preço a longo prazo é alto demais.

Infelizmente, a cultura em que vivemos ainda é engessada e machista, mas foque na sua entrega e em respeitar quem você é na essência. Mais uma vez, não é fácil. Pelo caminho sempre haverá julgamentos, mas lembre-se de que você nunca vai agradar a todos; por isso, ao menos seja fiel a você.

A cada julgamento direcionado a outra pessoa, você demonstra mais de si do que de quem fala.

love love love, Lu

Ouça: "Amar" (Estúdio Off #2) — AZMUTH BEATS, Miatã, Madhá

Será que esse medo uma hora passa?

Será que esse medo uma hora passa?
Será que o tubarão vem mesmo nos pegar quando estamos sozinhas na piscina?
Será que o bicho-papão vai nos assombrar no escuro do quarto?
Ou que seremos perseguidos por um espírito enquanto corremos ao apagar a luz do corredor?
Parece bobo, mas quantos adultos não sentem ainda um friozinho na barriga dessas lendas urbanas apresentadas a nós enquanto éramos crianças?! Eu sou uma dessas.
Outro dia, fiquei pensando e zombando de mim, sozinha no carro, sobre quantos medos reais minha mãe ou meu pai ocultaram de mim para que eu me sentisse segura, mas que, no fundo, eles tinham também. Quanto mais o tempo passa e mais "adultos" ficamos, mais eu tenho certeza de que certas coisas não se perdem pelo caminho e a maturidade só nos ensina a lidar melhor com as situações.
É a elegância do comportamento diante daquilo que antes nos paralisava que revela nossa maturidade.
Semanas atrás, estendi o horário de trabalho até as 23h e precisei tirar o carro da garagem. Tive que descer no -4 e tinha

certeza de que o que me esperava lá era um breu total. Cena de filme de terror. Fui tensa, com frio na barriga e com receio de me deparar com alguma coisa que eu não quisesse "ver". Se fosse em outros tempos (rebobina para os anos 1990), eu simplesmente não iria, mas minha "maturidade" me fez repetir a mim mesma que tudo era coisa da minha imaginação e que seria um absurdo total refazer toda a minha agenda do dia seguinte por não ter tido coragem de enfrentar a situação.

Diante do episódio, cheguei a diferentes conclusões que me renderam boas risadas. Algumas delas já constatadas por grandes nomes como Renato Russo, que dizia: "Você culpa os seus pais por tudo, isso é um absurdo. São crianças como vocês", de fato, somos. Mais maduras, com mais responsabilidades, mas, ainda assim, crianças. Com medos bobos e coragens absurdas, não é mesmo, Clarice Lispector? O fato é que a nossa imaginação sempre vai produzir fantasmas para nos espantar por toda a vida, mas cabe a nós ganhar força, coragem e confiança para enfrentar cada um deles.

E se a nossa ilusão era de que, com a idade, os fantasmas sumiriam, ledo engano: eles ganham outra configuração. O que nos aterroriza e dá frio na barriga agora não é o bicho-papão, é a frustração, a rejeição, o amor, o futuro que não sabemos, gente viva e os "boo"letos.

Pelo menos os fantasmas da infância ainda nos divertem mais.

love love love, Lu

Ouça: "Pais e filhos" — Legião Urbana

Quando você vai engravidar?

Quando você pretende engravidar?
Olha, vou dizer que a maternidade é um prato cheio para devaneios, questões e debates. Mas a verdade é que o tema nos assombra antes mesmo de gerar um serzinho dentro de nós. Não é, mulherada?

Confesso pra vocês que por anos — antes dos 21 — o meu sonho era ser mãe. Com o passar do tempo, com a descoberta da vida adulta e as mudanças do mundo, o sonho passou a dividir espaço com o medo. É diferente quando percebemos, de fato, o que significa parir um filho. A responsabilidade de ajudar a construir o caráter de uma pessoa, junto com um mundo acessível demais e tantas outras questões que não caberiam aqui, assusta. Não é fácil. Você para e repensa uma, duas, mil vezes.

Sem falar quando, além da maturidade e da responsabilidade, nós ganhamos a nossa independência e pensamos na própria realização pessoal, nos nossos sonhos particulares e sabemos que muitos deles (a maioria) vão precisar ser redesenhados na presença de um filho, sabe?

Pois é. Aos 29, prestes a me casar, o tema me assombra todos os dias. Não de uma maneira ruim, mas me deixa inquieta. E o pior? Nenhuma das minhas questões tem uma resposta. É o momento certo? Quero esperar mais? Vou esperar menos? Vou fazer isso antes? Depois? Quero ser mãe mais velha? Quero ser mãe mais nova? Será que sou capaz de cuidar de uma criança? As interrogações não param. Fazer planos a médio prazo tem sido complicado.

Me sinto privilegiada por ter o poder de escolha, por ter me cuidado para que eu pudesse pensar nessas questões com condições suficientes e boas para tomar uma decisão. Eu sei que todos os monólogos internos que tive recentemente me fizeram ocupar diferentes lugares e trazer mais lucidez para tratar do assunto. O fato é que a maternidade não deve ser algo imposto a nós, nem ser colocado como condição de realização pessoal. Não é pra todas e nem deve ser. É uma escolha só nossa que deve ser respeitada e abraçada.

Vejo quantas mulheres estão vivendo a pressão de ter um filho por imposição social, por medo de envelhecerem sozinhas (maternidade não é previdência, ok?), por se sentirem menos mulheres e até egoístas ao optarem por não abrir mão dos próprios planos. Ser mãe não torna nenhuma mulher melhor ou pior. É preciso romper com o ideal de que ser mãe é o nirvana da mulher. Até pode ser para várias de nós, mas decidir ter um filho não pode ser algo que determine completude e exclua de forma cruel aquelas que não se sentem assim. Além do mais, o amor materno se revela de diversas maneiras e não somente ao gerar uma vida.

Meu texto hoje é um abraço e toda a admiração àquelas que optaram pelo seu próprio caminho (pelo sim e pelo não). Não existe certo ou errado, nem o mais vantajoso. Existem escolhas. Mesmo com tantas inseguranças e incertezas, sinto que uma vontade vinda de dentro ainda me encoraja o suficiente para encarar o desafio. Quando? Não sei. É assustador pensar? É. As pessoas poderiam parar de perguntar? Também. Pois, no meio dos meus pensamentos, sinto-me no lugar daquelas que querem muito, mas estão passando por dificuldades para realizar e a pressão externa só faz piorar.

Quando você pretende engravidar? Quando Deus quiser. Força, garotas.

love love love, Lu

Ouça: "Maybe Tomorrow" — Stereophonics

O sobrenome só vem para enfeitar

O fato de escrever uma crônica nova toda semana faz com que todos os assuntos sejam "quentes". Os textos são quase uma confissão ou um desabafo de algo que tenha circulado na minha mente nos últimos dias. Dito isso, no ano em que estou noiva, é quase impossível diversos deles não esbarrarem em algumas questões que envolvem o tema.

Há cerca de duas semanas, li uma matéria enorme sobre a tradição das mulheres de incorporar o nome da família do marido ao se casar. Na verdade, a matéria era um questionamento, pois, com a igualdade de gênero avançando, por qual razão tantos casais ocidentais jovens ainda seguem a tradição?!

Sinto que estamos em uma fase de transição importantíssima, e que os nossos filhos e netos já vão nascer em um mundo muito mais igualitário em relação a gênero. Nós, mulheres, sabemos quanto ainda temos que lutar, mas o momento é muito mais favorável do que já foi um dia.

Todos nós sabemos — ou deveríamos saber — que incorporar o nome da família do marido tem origem patriarcal, da ideia de que uma mulher, com o casamento, passava a ser um bem do homem. Nos dias de hoje, dói o estômago só de pensar.

Mas, mesmo sabendo disso e lutando pelo nosso espaço, reconhecimento e independência, por que muitas de nós ainda incorporam o sobrenome do marido?

> *Nos Estados Unidos, a maioria das mulheres adota o sobrenome do marido ao casar — cerca de 70%, de acordo com uma das maiores pesquisas recentes sobre o assunto. Para as mulheres britânicas, o número é de quase 90%, de acordo com uma pesquisa de 2016, com cerca de 85% das pessoas entre 18 e 30 anos ainda seguindo a prática.*
>
> *Embora esses números sejam mais baixos do que eram há uma geração, é evidente que continua sendo uma forte norma cultural em boa parte do mundo ocidental — apesar dos tempos mais individualistas e igualitários em questões de gênero.*
>
> **Fonte: Globo.com**

Atualmente, não há uma exigência legal para a incorporação do nome de um homem, mas também não há somente uma motivação. Existem inúmeras razões pelas quais uma mulher pode querer mudar o nome de casada, desde não gostar do próprio nome a querer se dissociar de membros da família; desejar perpetuar uma família ou mesmo pela triste persistência do poder patriarcal ou da convenção social e o ideal de "boa família".

Eu defendo que isso seja uma escolha nossa, e não uma decisão compulsória ou influenciada por percepções sociais. Afinal, o feminismo trata basicamente de dar às mulheres liberdade de escolha. Isso significa que, desde que nós possamos decidir, sem pressões externas, não deve importar se algo está de acordo ou vai contra as normas patriarcais.

Não me considero menos feminista por decidir adicionar o sobrenome do meu marido, nem sinto que estou vendendo minha liberdade ao fazê-lo. Não é o meu sobrenome que vai perpetuar a ideia de que ele tem autoridade, mas sim a minha postura dentro de casa e com a minha vida. É trabalhar e valorizar ainda mais minha individualidade, minha independência e minha voz, mesmo casada.

É fato que a não adoção do sobrenome do marido tem um papel importante nos esforços para alcançar a igualdade de gênero, contudo, mais uma vez, não pode ser uma decisão compulsória, mas consciente, com motivações plausíveis que te façam feliz e não a aprisionem em algum papel.

Mesmo com opinião dividida sobre o assunto ou contrária a alguém que conheço, sinto que falta empatia. Não devemos julgar as outras mulheres que adotam o nome de casada ou não. Precisamos apoiar umas às outras, e você, aí do outro lado, jamais deve esquecer de quem é você.

Afinal, casar não deve mudar quem somos. O sobrenome só vem para enfeitar.

love love love, Lu

Ouça: "Só pra te mostrar" — Rubel

Nem tudo são flores

É até controverso dizer que uma pessoa que ama tanto uma transformação (em vários aspectos) torce o nariz e tem aversão de obra e mudança (falando de casas).

Logo eu, que sei da graça e do valor de todo o processo e de como eles são importantes para o desfrute final. Pois é, não gosto de obra nem de mudança. Se você me perguntar, no quesito obra eu gosto da mágica. Só da parte boa, a de decorar e manter tudo organizado.

No último sábado, mudamos de apartamento. Fiz tudo sozinha, com a ajuda das pessoas que trabalham comigo, mas sem BVE, mãe ou amiga. Confesso que até me ofereceram ajuda, mas, como eu não gosto da função, jamais colocaria alguém que eu amo numa roubada. É claro que eu estava feliz pelo privilégio e pela oportunidade de ir para uma casa nova e confortável. Sei quanto devo agradecer, mas não vou esconder que, em certo momento, eu quis chorar. Sabe aquela hora em que o local está imerso na bagunça, caixa para todo lado e parece que nunca vai acabar?! Passei por isso.

Já cansada, olhei para a sala e me lembrei que o dia 17 de outubro de 2020 poderia ter sido diferente. Nos planos pré-pandemia, esse seria o dia do nosso casamento, ou eu poderia estar curtindo um final de semana com as minhas melhores amigas na Chapada, ou estaria descansando em uma fazenda. Mas o que eu tinha estava ali, e não era o que eu queria.

Respirei fundo, engoli o choro e agradeci. A vida não é sobre expectativas ou sobre como poderia ter sido, mas sim o que é. A partir daí, pensei em como eu poderia melhorar aquele momento. Ressignifiquei, estipulei um prazo para terminar e voltei com outro gás.

A vida é bem mais leve quando nos livramos das amarras das idealizações como condição para a nossa felicidade e nos dispomos a lidar com as frustrações. Nem sempre as coisas são como gostaríamos, nem sempre é doce, mas a vida sempre pode ser bonita. Tudo depende do tom que a gente dá a ela.

Expectativa em excesso é um grande mal, mas, na dose certa, não precisa ser tratada como câncer, pois não é pecado esperar que coisas boas aconteçam. Mais do que não criar expectativas, tenho preferido trabalhar em mim a maneira como encaro as frustrações.

Nenhuma desilusão pode ser responsável por me paralisar ou anular a parte boa. Não precisamos nos blindar o tempo todo de decepções. Só precisamos cuidar da nossa saúde emocional para também aprender e curtir dançar na chuva.

love love love, Lu

Ouça: "Changes" — 2Pac, feat. Talent

Aprenda a se aplaudir primeiro

Era junho de 2018. Eu lembro, como se fosse hoje, da devolutiva de um orçamento que havia mandado para uma assessoria, referente a um trabalho.

"Ué, mas fulana tem 2 milhões de seguidores e não cobra isso. Como pode? Não vale."

Essa resposta me marcou e foi um divisor de águas, pois foi graças a ela que me livrei da ansiedade e da obrigatoriedade de agradar e tentar provar para terceiros o meu valor. Foi libertador.

Receber uma mensagem como essa foi uma afronta. Me senti diminuída. Como alguém vai dizer se eu valho mais ou menos, medir meu conhecimento, minha entrega pelo número de seguidores? Uma análise rasa e cruel.

Larguei mão e não insisti. Pois, se tem uma coisa que aprendi, é que um lugar onde não reconhecem meu valor não tem espaço para mim, e isso vale para a vida profissional e pessoal. É desgastante ter que provar o tempo todo quanto valemos. É uma busca frustrante, pois não é mensurável. Por isso talvez seja tão difícil colocar preço no nosso trabalho.

Se precificar produtos já não é tão simples, pois envolve uma vasta compreensão sobre consumidores, mercado, competidores, fornecedores, tributações e o portfólio da própria empresa, imagina colocar preço em nós.

Reconhecer o próprio valor e bancar isso é um processo de profunda avaliação, no qual, uma vez reconhecido, você se livra do peso de provar isso para os outros.

Naquele dia, fiquei triste e cheguei até a duvidar de mim, mas, após alguns minutos de reflexão, vi o absurdo que era dar o poder a outra pessoa de mudar a percepção que eu tinha sobre tudo o que havia construído até ali. Alguém que não conhece minha história e minha dedicação me comparou, em dois minutos, de forma superficial, como se eu fosse um xampu de prateleira.

Produtos são comparáveis, pessoas, não; pois somos únicos e é pelo que temos de único que reconhecemos o nosso valor. Quando passamos a enxergá-lo, não precisamos de validação do outro nem esperamos mais por isso. Paramos de sofrer com a comparação, a fim de garantir que sejamos reconhecidos. Mais do que isso, ao reconhecermos o nosso valor, passamos a olhar para as pessoas com o objetivo de enxergar o valor delas também. Pela admiração, e não pela comparação.

O reconhecimento de seus valores pessoais fará com que suas atitudes sejam tomadas de forma a satisfazer e a estar de acordo com esses valores.

Não é sobre quantidade, é sobre qualidade. Não é sobre esperar a aprovação de ninguém, é sobre aprender a se aplaudir primeiro.

love love love, Lu

Ouça: "Freedom" — Taola

Carta de uma saudade

Hoje é Dia de Finados. Passei a segunda-feira ocupada demais, em meio a uma entrega importantíssima de trabalho e à recepção de alguns amigos em casa para curtir o dia. Ansiosa e agitada. Só agora, na virada para o dia 3, que parei, enfim, para respirar e pensar sobre a importância do dia de hoje e seu real significado.

Dia dos Mortos. Dia para homenagear e lembrar de todos aqueles que passaram por nossa vida, que deixaram marcas e transformaram algo em nós. Dia para abraçar a saudade daqueles que há algum tempo descansam e nos assistem de um lugar mais longe.

Por alguns instantes, parei e me lembrei das pessoas com as quais tive o prazer da conviver e que hoje moram na minha lembrança. No fim, é aí que mora a eternidade, na cabeça e no coração daqueles que tivemos o privilégio de tocar.

A vida e a morte são sobre isso: tocar corações. Nossa maior herança. É o que levamos e é o que fica.

Hoje o meu texto é também minha carta de saudade, das músicas que ouvi e me lembram de vocês, dos cheiros, dos termos engraçados ao se referirem a algo de que gostavam, dos passeios, da companhia no almoço, do encontro de família, da

> A morte não é nada.
> Eu somente passei
> para o outro lado
> do Caminho.
>
> Eu sou eu, vocês são vocês.
> O que eu era para vocês,
> eu continuarei sendo.
>
> *Henry Scott Holland*

festa com a galera, do café da tarde, da indicação daquele livro ou do jeito tão particular de cada um levar a vida. Das vozes calmas nas trocas de confissões, dos conselhos sempre amorosos, mas que nem sempre cabiam pra mim. Das risadas únicas de cada um de vocês.

São muitas as saudades e uma única certeza: vocês vivem em mim. Enquanto em vida, espero viver o bastante para morar eternamente no coração de alguém como vocês habitam em mim.

love love love, Lu

Ouça: "Your Song" — Elton John

Autoboicote

"Nossa, eu preciso emagrecer 5 quilos."
"Meu braço está gordo."
"Tô com uma pochete aqui."
"Estou cheia de rugas."
"Tenho muita celulite."
"Sinto vergonha do meu corpo."
"Nada fica bem em mim."

Cansou?

"Essa roupa não foi feita pra mim."
"'Tô feia."
"Minha barriga parece de grávida mesmo sem estar."
"Eu não consigo."
"Eu não sou merecedora."
"Mas a fulana é mais bonita e melhor que eu."

Ainda não?

"Ah, mas eu não tenho olhos claros."
"Meu cabelo não é bom."
"Eu sou muito velha."
"Eu sou muito nova."
"Faço tudo errado."

Quantas dessas frases você já não proferiu sobre si mesma? Várias delas, tenho certeza. Quantas você já não ouviu de uma amiga ou conhecida falando sobre ela mesma? Muitas. O pior de tudo: a lista ainda é mais longa.

Vou ser sincera com você que me lê aí do outro lado. Quem abriu meus olhos para esse excesso de autoboicote foi o meu noivo, que, ao fotografar mulheres de todas as idades, tem encarado essa mania que temos de nos depreciar. De jogar o holofote para aquilo que temos — segundo a nossa cabeça — de pior.

É duro admitir quanto esse processo, na maior parte do tempo, passa despercebido, pois já virou hábito, mas não deveria ser. Tenho ficado alerta e buscado exercitar um olhar mais generoso sobre mim, sobre nós, mulheres.

Pare de pegar para si aquilo que precisamente é pior para você e não te permite avançar em nenhum aspecto. Abrace sua realidade, encontre seu lugar e seja acolhida, antes de qualquer pessoa, por você.

Nenhuma de nós é destituída de qualidades. Todas temos defeitos, dificuldades e muitas competências, mas só supervalorizamos nossas deficiências.

No fundo, você não é feia, nem bonita, nem burra, nem inteligente, nem gorda, nem magra; a verdade é que, parafraseando Carl Jung, "Eu sou o que eu escolhi me tornar". E aí? O que você escolhe?

love love love, Lu

Ouça: "For No One" — Caetano Veloso

Como ser um bom líder?

C omo ser uma boa líder?
Grande parte da população é acometida pela síndrome do(a) impostor(a). Isso é um fato. Em algum momento da vida, todos vamos nos perguntar se somos bons o suficiente para alguma questão. Até a hora em que assumimos o risco, vamos com medo mesmo e nos vemos na situação a qual não imaginávamos ser possível. Reconhece essa história?

Eis que o(a) impostor(a) agora gerencia pessoas. Demandar, motivar, liderar... Como fazer isso? Essa é uma questão corriqueira. Vira e mexe vejo pessoas perguntando como se alguém fosse entregar uma receita de bolo. Sinto decepcionar, mas o gabarito dela ninguém tem.

Para ser um(a) líder, é preciso ter um perfil predefinido, ok. Mas, para ser um bom líder, é preciso muito mais. Liderança não é sobre técnica, é sobre tato, sensibilidade, humanidade. Quando busco respostas para essa pergunta, eu mudo a questão. Em vez de "Como ser um bom líder?", eu pergunto: "Como ser uma boa pessoa para minha equipe?".

Montar um time é uma das decisões mais corajosas e desafiadoras que uma pessoa pode tomar, pois, a partir do momento em que contrata terceiros, você não trabalha mais só por você e pelos seus clientes, mas pela sua equipe, que agora também depende de você. E você, dela. E está aí uma das principais motivações para liderar.

Quando penso que o trabalho que realizo faz parte dos planos e dos sonhos de quem trabalha comigo, isso faz com que eu queira me dedicar em dobro. A casa própria, a viagem dos sonhos, aquela blusa de linho ou o eletrodoméstico que um deles sempre quis comprar.

Mas, se penso no macro, a questão financeira acaba sendo um detalhe. Pois, antes de ser bem-sucedida, meu maior desejo como profissional é me sentir realizada e, consequentemente, que minha equipe também se sinta. E como eu me realizo? Ao sentir que o que faço impacta a vida de alguém, ao ser desafiada todos os dias, ao aprender uma coisa nova todos os dias, ao rir muito, ao não sentir medo de expor minhas ideias, ao ser ouvida, ao ter com quem contar. Ou seja, se é nesse ambiente que eu me realizo, meu papel é criar um lugar propício para que eles possam se desenvolver e ser felizes também.

Líderes ou não, somos todos aprendizes, e eu acredito que essa é uma das principais características de um bom gestor que não lidera pela imposição de ideias, mas pelo exemplo, pela tolerância em receber opiniões, pelo exercício de desenvolver as habilidades individuais e em grupo, maximizando as virtudes e minimizando as falhas de cada um. Ser um bom líder é ser o exemplo de pessoa e profissional que gostaríamos que alguém fosse para nós.

Na semana em que foi comemorado o Dia Mundial do Empreendedorismo Feminino, gostaria de agradecer à minha equipe e a todas as pessoas que trabalham comigo e me incentivam a ir mais longe e mais alto. Por acreditarem em mim e serem fundamentais na minha construção como pessoa e profissional. Aos meus clientes, aos meus leitores e a todas as pessoas que investem em mim e nos meus negócios. Vocês fazem parte dessa realização. Incentivem mais mulheres em seus negócios. Comprem, indiquem e valorizem as mulheres, pois essa é a melhor maneira de comemorar.

love love love, Lu

Ouça: "Undecided" — Ella Fitzgerald, Chick Webb

Headshot

Sinto que o amor avassalador ainda é muito romantizado. Em conversas, escuto muitas mulheres falando sobre o amor e o tipo de relacionamento que desejam, aquele que faz perder o ar, que vira a vida do avesso, que faz o coração não caber no corpo, dizendo serem esses os "sintomas" de terem encontrado o verdadeiro amor. Mas será mesmo?

Eu não acho. Sempre me arrepiou a ideia de ser cega de amor, de alguém entrar na minha vida para roubar minha paz ou me transformar em uma pessoa que não reconheço.

Há alguns anos, acompanhei de perto uma amiga viver um "verdadeiro amor". Ela era muito apaixonada. Muito. Mas também era medrosa, contida, presa, distante. Para viver esse amor, ela mudou hábitos, abandonou os programas de que mais gostava, mudou as roupas, se reconfigurou. Nós, amigas que amamos independentemente de tudo, continuávamos presentes, mesmo distantes, felizes pela felicidade que ela dizia sentir.

Lembro que, toda vez que eu a encontrava, o discurso era o mesmo. "Estou muito feliz e muito bem, mas...", até o dia em que parei de perguntar, pois me fazia mal ouvir sobre uma situação que eu sabia que não iria mudar tão cedo. Ela tinha tanto medo de perder o amado que acabou se perdendo de si. Mas a vida foi certeira em ajustar as contas.

Apesar de sofrer ao ver a dor dela durante o rompimento, lembro-me da sensação de alívio. Senti que ela tinha voltado à Terra para se reencontrar.

Recentemente, essa mesma amiga me contou que está namorando. Eu sabia da paquera, mas por essa novidade eu não esperava. Fiquei muito feliz com a notícia e, instintivamente, perguntei: "E aí, amiga, está muito apaixonada?", e ela prontamente respondeu: "Não!".

Minha primeira reação foi de espanto, mas imediatamente ela completou: "Eu não estou apaixonada, eu estou muito feliz. Com ele eu tenho paz. Eu amo quem eu sou na companhia dele". *Touché*. É isso. Eu não poderia ter ficado mais feliz com a resposta.

Para o amor existir ele não precisa desestabilizar, tirar o chão e dar um *headshot* na vítima. Ele pode chegar de mansinho e tímido. Sob o efeito da paixão, podemos ficar míopes, mas com os pés no chão, não. Estar com a pessoa passa a ser uma escolha consciente, e não condição de felicidade. Existe mais amor do que medo, mais certeza do que inconstância, mais dois do que um.

Diferentemente do que dizem por aí, o amor duradouro nasce com consciência. E, quando perguntam sobre o famoso frio na barriga, ouso dizer que não há nada mais excitante que faça uma mulher querer voar do que ela ter paz em seu coração.

love love love, Lu

Ouça: "Esses vícios" — Zé Neto & Cristiano

Ninguém quer esforço, todo mundo quer mágica

O que mais vejo são anúncios de cursos, mentorias e o "segredo do sucesso", a "fórmula" para isso ou aquilo. Na mesma proporção, presencio uma quantidade de pessoas desesperadas por algum tipo de mágica para a solução de seus problemas, sejam eles amorosos, profissionais, existenciais ou estéticos. Não importa a origem, todo mundo quer a solução sem dor, sem sacrifício e "para ontem", como se a resposta viesse pronta como uma receita de bolo.

Eu conto ou vocês contam?

Existem, sim, técnica, dieta, terapia, passo a passo, estudo, mecanismos, mas nada disso funciona pontualmente. Se vocês esperam uma fórmula mágica para maturidade, corpo sarado, autoconfiança e sucesso, seja ele qual for, lá vai: consciência, consistência e coerência. Todas aliadas aos fatores tempo e paciência.

Podem até te vender soluções rápidas, mas tudo o que vem rápido é vazio e se esvai na mesma velocidade. Bases sólidas não são construídas da noite para o dia.

É muita gente esperando mais aplausos, audiência e *likes* do que se preocupando com a entrega e com a construção de algo de valor. Muita gente querendo ter a barriga sarada sem se livrar de maus hábitos. É muita gente buscando ter um relacionamento perfeito sem encarar e resolver as próprias sombras. Muita gente questionando o sucesso do outro e se comparando sem investir a mesma energia ao trilhar seu próprio caminho. Muita gente desejando realizar todos os seus sonhos sem lembrar que a construção leva tempo.

Não confunda intensidade com consistência. Agir com intensidade — e desespero — pode trazer um retorno mais rápido, mas as soluções são pontuais. Consistência é o que vai te levar a resultados profundos e de longo prazo. Ser consistente é saber quando insistir e quando persistir. A consistência é algo com fundamento, que tem propósito claro e demonstra força na sua sustentação, fruto da consciência.

Estar consciente. Afinal, o que é isso? É não se contentar em olhar ao redor, mas olhar para dentro de si mesmo. Ter clareza da situação, ser responsável pelos próprios atos.

Quantas pessoas você conhece que vivem culpando coisas e pessoas pelo que lhes acontece?

Por fim, seja coerente. Se você escolheu um caminho ou uma meta, esteja preparado para ir em busca dele. Aja de acordo com seus objetivos, pois definir um propósito não é garantia de realização. Vai ser preciso rever crenças, fazer renúncias, transformar-se. Só acreditam em milagres aqueles que não tiveram a curiosidade de olhar a história por trás de cada conquista.

Como bem disse a escritora Martha Medeiros em uma crônica, "Nada é absoluto, nem mesmo a sorte".

love love love, Lu

Ouça: "It's About Time" — Ruby Velle & The Soulphonics

2020, que ano!

2020. Que ano, hein? Quem diria, ou quem iria imaginar que a vida fosse dar essa reviravolta? Ninguém.

Em 2020, eu vi pouco a minha família, perdi pessoas queridas, cancelei todas as minhas viagens e adiei meu casamento. Senti medo, fiquei isolada e nunca fui tão insegura em relação às minhas decisões. Peguei Covid, vi o amor da minha vida enfrentar uma tristeza que jamais tinha presenciado antes e familiares passarem por situações muito ruins. Ganhei 5 quilos. Não pude estar presente em momentos importantes ao lado das pessoas que amo. Vivi uma pandemia mundial. Vi sofrimento ao redor do mundo, falta de tolerância, mortes e guerra política. A lista é extensa.

Por outro lado, ressignifiquei a minha vida. Fiz uma limpa em coisas que já não me serviam, redesenhei projetos. Eu e meu noivo mudamos de casa e começamos a construir o nosso sonho. Cresci profissionalmente, tive a oportunidade de aprender com pessoas incríveis, toquei projetos que foram um marco pra mim. Adaptei-me. Descobri que malhar sozinha e em casa pode ser ainda mais prazeroso, zerei algumas séries, inovei em formatos de entrega, pude ajudar muitas pessoas. Os momentos com a família, que foram poucos, conseguiram ser ainda mais intensos, descobri no meu noivo um chef de cozinha de primeira e evoluí meu relacionamento em dez anos. Vivi sete anos em um. Quebrei algumas crenças, conectei-me ainda mais com minha espiritualidade e, dos 5 quilos, emagreci 10. Trouxe a mesma emoção das festas e *shows* para as *lives* na sala de casa. Descobri, na minha *jacuzzi* e em noites de vinho, o meu programa preferido. E a lista também é extensa.

Todo ano é feito de momentos bons e ruins. Alguns mais, outros menos, mas cabe a nós escolher onde focar nossa energia. Independentemente do que de ruim ou desafiador possa acontecer, sempre teremos motivos para agradecer e sorrir. E eu agradeço por isso. Nosso maior desafio é enxergar, mesmo diante da dor, que a vida não deixa de ser um canteiro de oportunidades para sermos felizes. Nem sempre é fácil, mas sempre é possível.

Para muitos pode soar estranho, mas 2020 foi um dos anos mais significativos da minha vida. Transformador, desafiador e até cruel, mas extremamente necessário para que tudo o que aconteceu se concretizasse. Desejo para nós serenidade e sabedoria para o novo ano, para entender que, para ser feliz, não é preciso ter uma vida perfeita; que, se errarmos o caminho, é possível recomeçar; que podemos usar os erros para lapidar os acertos, usar os obstáculos e as mudanças de plano para refinar nossa paciência. Usar as lágrimas para irrigar a fé, a esperança e a força que existem em cada um de nós. Permita-se ser feliz, independentemente das circunstâncias, e não se sinta mal por isso. Se você está feliz, isso é mérito seu.

love love love, Lu

Ouça: "Lonely" — Justin Bieber, benny blanco

Manifesto

É a possibilidade de todo dia ser um novo recomeço que me tira da cama e me dá asas para criar. É a capacidade que temos de transformar o dia de alguém que me inspira a ser uma pessoa melhor. É a descoberta diária sobre quem eu sou que me incentiva a motivar você a fazer o mesmo e se olhar com mais carinho. Ao compartilhar minhas buscas, quero motivar transformações. Ao compartilhar meus desafios, quero exaltar o poder da vulnerabilidade e do autoconhecimento como caminhos para a evolução, e não como fraqueza.

Minha ferramenta de expressão é a escrita, minha religião é o amor, e o filtro que dá tom à minha vida é positivo. Não me limito, sempre em movimento e em busca da minha melhor versão.

love love love, Lu

Ouça: "Amarelo, azul e branco" — Anavitória

Lista de resoluções

O Réveillon é um marco anual na vida de todos. Mesmo sendo um dia como outro qualquer, é impressionante o que muda dentro da gente toda vez que começa um novo ano civil. A inquietação e a transformação começam um pouco antes do Natal e têm seu "ponto G" no dia 31 de dezembro. É um misto de retrospectiva com planejamento e resoluções... Haja organização mental e caderninho para tentar organizar tudo o que se passa aqui dentro.

Não só pelo trabalho, que tende a ser mais intenso antes de todo e qualquer recesso, mas pela carga emocional da época, nos sentimos facilmente esgotados. Todos passamos por isso. Alguns de maneira menos intensa, mas, no fim, todo mundo sente o término de mais um ciclo.

Mesmo sendo um dia como outro qualquer, a virada de ano do calendário gregoriano, de forma geral, nos faz pensar no que se inicia. Esse recorte torna real a sensação de que a vida "recomeçou". Mas, como escreveu Fernando Pessoa, "Nada começa: tudo continua"; pois é.

O sentimento de novidade e animação causado pelas "páginas em branco" nos faz acreditar, por um tempo, que tudo vai ser diferente do ano passado, que desta vez teremos foco suficiente e força de vontade para alcançar cada uma de nossas metas, mas o problema começa aí. Muitas vezes, a vontade e a necessidade de mudar e de alcançar tal objetivo são tamanhas que fazem com que as metas se tornem irreais para 365 dias. Logo, a animação não tende a se estender para os próximos meses, pois nos sentimos desmotivados. Precisamos fazer promessas e traçar metas possíveis.

Mais importante do que mudar comportamentos e posturas, precisamos mudar pensamentos. A busca pelos nossos objetivos começa de dentro para fora. Precisamos nos transformar para começar a alterar a realidade à nossa volta. São muitas pessoas querendo mudar de vida com pouca disposição para modificar a si mesmas. Nenhuma alteração será significativa se for repentina e superficial.

Aproveite o fim de ano para traçar suas metas. Possíveis e reais. Olhe para dentro, seja generoso e sinta-se motivado. 2021 não marca o fim nem o início de uma nova meta, mas a continuação de um processo que você já está trilhando para alcançá-la.

love love love, Lu

Ouça: "Soprou" — Silva, Criolo

Estar perto não é físico

Tatuei essa frase nas costas aos 16 anos, em homenagem ao meu avô. Meu primeiro contato com a morte foi cruel, dolorido e me transformou. Precisei ressignificar muita coisa dentro de mim e me espiritualizar para entender o que, aos 15 anos, não fazia o menor sentido. Pelo contrário, parecia ruim demais para ser uma "coisa vinda de Deus". Fiz a tatuagem para me lembrar de que o mundo carnal é apenas uma passagem, mas que estar perto de alguém independe de estarmos no mesmo plano. Estar perto jamais será físico, mas sim no coração.

Em um ano de distanciamento social, a frase conseguiu fazer ainda mais sentido. Nunca estivemos tão longe fisicamente, mas tão perto. Por exemplo, estou sentada no meu sofá na noite de Natal, escutando Nina Simone e sentindo a presença de mais umas 40 pessoas enquanto me delicio com a música. Ao vivo somos cinco, mas no coração, ah, habita um Maracanã.

Neste Natal, assim como em todos os outros, o maior presente é estar presente. Não é sobre o que se compra, mas sobre as memórias que se criam e no coração se perpetuam. A maneira como você traduz alguns sentimentos é o que faz essa noite especial.

Natal pra mim tem gosto de biscoito de castanha e todos os biscoitos de vó, tem jeito de biquíni o dia inteiro, tem jeito de abraço, de papo, de café passado e pé descalço. Natal tem sensação de amor, de gratidão e união. Natal tem rouba-rouba, amigo oculto, rabanada e tem cartão. Tem que ter cartão.

Natal é pausa, Brasília, Campos, lareira e coração. Natal é mesa posta e comida gostosa. Natal tem jeito de cochilo à tarde, ligação de Facetime e de conexão. Natal tem gosto de vinho, de uva, de panetone, pernil, fio de ovos e estrogonofe, por que não?! Natal tem saudade, coração apertado, solitude e também solidão. Natal tem lembranças, preguiça no sofá, passeio na praia, no campo ou mesmo no colchão.

Hoje, convido você a fazer uma viagem comigo e trazer à tona todas as melhores lembranças para preencher o vazio ocupado pelo distanciamento social com sentimentos bons. Não espere que o espírito natalino desça pela chaminé. Abra o seu coração e permita que ele entre pela porta da frente.

Feliz Natal.

love love love, Lu

Ouça: "It's Beginning to Look a Lot like Christmas" — Michael Bublé

Existe uma vida entre os extremos: o diálogo

Aparentemente, vivemos um período em que não respeitamos a opinião contrária. Ao que tudo indica, pensar diferente é motivo de raiva e cancelamento. A sensação é de que não é possível ter opiniões divergentes sem que isso cause um problema entre as pessoas. Um mundo definido entre polarização e crenças radicais, sem diálogo, sem empatia nem compaixão, apenas discurso de ódio.

São mais radicais com dificuldades cognitivas de assumir o erro e com confiança em seu julgamento e menos pessoas moderadas dispostas a dialogar. O fato de eu ter uma opinião contrária à sua não me torna melhor nem pior do que você, apenas demonstra que pensamos diferente, mas é possível conviver. Os extremos são necessários, mas é da junção de ideias que surgirá uma sociedade melhor, e não da disputa para saber quem está com a razão.

Realmente, é muito mais fácil julgar, cancelar, apontar o dedo. O caminho é mais confortável, pois não é preciso abrir mão do ego e do nosso lugar-comum, mas ele é perigoso.

O caminho da compaixão e da empatia exige diálogo, muito trabalho e nos coloca em uma posição de vulnerabilidade. E para ser vulnerável é preciso coragem, coisa que pouca gente tem.

> Nossa cultura aceitou
> duas grandes mentiras.
>
> A primeira é que, se discorda
> do estilo de vida de alguém,
> você deve ter medo
> ou odiar essa pessoa.
>
> A segunda é que amar alguém
> significa que você concorda
> com tudo o que ele acredita ou faz.
>
> Ambas as mentiras
> não fazem nenhum sentido.
> Você não precisa comprometer
> suas convicções para ter compaixão.
>
> *Rick Warren*

Não vamos falar da ideia voluntarista do diálogo como varinha mágica para desfazer desavenças. A conversa sem preparação, aliás, pode romper pontes e piorar o problema, mas precisamos colocar como meta ver o diálogo como ferramenta para ajudar pessoas a se compreenderem mutuamente.

É possível aprender a dialogar, mas o que ocorre é que o ato de aprender, para muitas pessoas, pode ser uma verdadeira tortura diante dos obstáculos encontrados no meio do caminho. Para o novo ano, entre as minhas metas pessoais, escolhi trabalhar ainda mais o diálogo e a escuta. Desenvolver o meu senso crítico ao ir ao encontro de opiniões divergentes das minhas, tentando não julgar.

É um caminho árduo, muitas vezes desconfortável, mas acredito em uma sociedade com mais empatia. E, se desejo uma mudança no outro e no mundo, preciso começar por mim.

love love love, Lu

Ouça: "Várias queixas" — Gilsons

A parte boa
de amaturecer

Ter muita sobrancelha já foi um problema, ser baixinha já foi um problema, ter pernas grossas já foi um problema, ter pelos nos braços já foi um problema. Ter cabelos indecisos já foi um problema, ter unhas curtas já foi um problema, ter dentes de criança já foi um problema e ter estrias e celulites também.

A parte boa de crescer e amadurecer? Que todos esses "problemas" (ou alguns) desaparecem ou perdem força com o passar dos anos. Passamos a olhar para o "problema" com outros olhos e a entender que "problema" mesmo é outra coisa.

Para início de conversa, se tem uma coisa que eu não faço é desmerecer as questões de cada pessoa. O que é grave para um não é para o outro. O que hoje não me incomoda mais pode ser o grande trauma na vida de outra pessoa. Um olhar cada vez mais empático para a realidade do outro também vem com o amadurecimento.

Mas, se tem uma coisa que esse processo interno e CONTÍNUO de amadurecer tem me trazido é a paz comigo. Um olhar mais generoso para aquilo que não consigo mudar em mim. São 29 anos tentando olhar mais para dentro e menos para fora, a fim de me comparar cada vez menos e me amar cada vez mais. Ainda tenho um longo caminho a percorrer, mas nada me impede de me orgulhar do que já conquistei até aqui.

Ter muita sobrancelha já não é problema, ser baixinha já não é problema, ter pernas grossas já não é problema, ter pelos nos braços já não é problema. Ter cabelos indecisos já não é problema, ter unhas curtas já não é problema, ter dentes de criança já não é problema e ter estrias e celulites também não.

Amadurecer é se encontrar consigo. Quanto mais o tempo passa, mais coragem eu tenho para assumir minhas limitações e tomar decisões com mais segurança e consciência. O que eu posso mudar e o que eu não posso? O que eu realmente quero mudar sem que a principal motivação seja externa? Criar minhas próprias réguas foi o que fez com que eu parasse de me medir para me encaixar em algum lugar.

Todos temos limitações, somos diversos e plurais. Saiba disso. Olhe para si com mais carinho e não se cobre tanto; cada um amadurece no seu tempo, mas todo mundo está no mesmo barco desse oceano que é se descobrir.

love love love, Lu

Ouça: "It's Yours" — Jon Cutler

Para os carentes, com amor

O tema pede um começo afetivo: todo mundo carrega um pouco de carência dentro de si. É sempre bom lembrar que todos sofrem de carência: dos mais autoconfiantes aos mais inseguros, dos mais frios aos mais afetuosos. O ser humano requer cuidado, atenção e carinho. Sem afeto, não há humanidade. Ninguém depende apenas de si mesmo para sobreviver, por mais autônomo que seja.

Carência, segundo o dicionário, é a falta de algo necessário, algum tipo de necessidade afetiva. Ou seja, com base nessa definição, reafirmo: todo mundo é um pouco carente. Eu arrisco dizer que é impossível a qualquer um de nós se sentir 100% pleno e preenchido. Pois, se essa fome fosse plenamente satisfeita o tempo inteiro, o ser humano não saberia o que é felicidade.

O problema não é ser carente, mas se deixar limitar por isso. A carência que pesa é a transferência da responsabilidade da própria felicidade para o outro. É quando alimentamos mais a expectativa em terceiros do que a nossa própria autonomia. Todo mundo precisa de ajuda externa para se desenvolver, mas o carente limita o seu desenvolvimento à boa vontade alheia, os outros, não. Para piorar, ainda cobra isso.

A carência emocional afetiva passa a ser um problema quando a felicidade está condicionada à outra pessoa. Se não existe o amparo de alguém, o vazio é preenchido por uma grande infelicidade. Para os carentes, os outros são salvadores da sua autoestima, e não companheiros de vida.

Confesso que eu tenho muita dificuldade de conviver com pessoas carentes, mas sei quanto preciso desenvolver habilidades e tato para lidar com certas situações. Afinal, algo em algum momento também pode me faltar, e a carente um dia pode ser eu. É muito desafiador ter que lidar com tudo aquilo que anda na contramão do que acredito e busco pra mim. A carência é carregada de cobrança, ciúme, medo de desagradar, submissão e a necessidade de chamar atenção, quando o que eu mais prezo é a liberdade de ser e sentir, a espontaneidade dos sentimentos e a autenticidade de ser quem sou sem receio. Ser amada pelo que sou, e não pelo que os outros esperam de mim.

Quanto menos tentarmos agradar, mais traremos para perto aqueles que realmente querem ficar.

Quanto menos cobrarmos atenção, mais valor daremos para tudo aquilo que vem do coração.

Quanto menos esperarmos dos outros, mais vamos encontrar as respostas dentro de nós.

Não é o seu "bom coração" que te faz carente, e sim a falta de relacionar-se integralmente consigo. Saber estar sozinho é requisito para estar bem acompanhado. Não podemos depositar no outro a responsabilidade de nos completar.

love love love, Lu

Ouça: "Just the Two of Us" — Grover Washington, Jr. feat. Bill Withers

Somos todos um pouco Dory

O título da crônica é uma constatação. Mas, calma, você não é o único. Bem-vindo ao mundo moderno. Nunca tivemos tanto acesso a tanta informação e de forma tão variada quanto hoje em dia. A internet e os dispositivos que nos dão acesso a ela são os grandes responsáveis por essa facilitação de conteúdos, mas também são os culpados por nossa dificuldade cada vez maior de memorizar datas, informações, nomes e prazos.

É maluco pensar que temos a máquina mais perfeita dentro da nossa cabeça, mas que todos os nossos hábitos estão gerando uma sobrecarga mental, incapacitando nosso cérebro de funcionar. Nossas cabeças estão cada vez mais cheias. Ao mesmo tempo, esquecemos cada vez mais coisas.

Qual seria a solução para remediar esse fato, além das atividades cognitivas para o cérebro? Segundo os especialistas, aprender a esquecer. Parece óbvio, mas não é. O problema não é esquecer, e sim não ser criterioso com o que precisamos lembrar. Estão faltando seletividade e prioridade com aquilo que precisamos, de fato, reter.

Afinal, se as informações competem por espaço na nossa cabeça, deveríamos nos lembrar do que é mais importante e esquecer o menos importante, certo? Só que, na prática, geralmente acontece o contrário. Estamos consumindo as informações sem filtro, sem consciência nem tempo para memorizar.

Quando constatei minha falta de memória nos últimos tempos, reavaliei meus interesses. Talvez o problema não fosse apenas o excesso, mas a falta de filtro daquilo que todos os dias escolhemos consumir. Os exercícios de repetição continuam, as infinitas listas, os resumos diários e a agenda cantada em voz alta também, mas agora tenho escolhido melhor o que merece minha atenção.

A memória dá imortalidade a momentos e ao conhecimento, mas é o esquecimento daquilo que não nos serve que proporciona a saúde mental.

Somos responsáveis pelo que consumimos e desejamos esquecer.

love love love, Lu

Ouça: "Roxanne" — The Police

Nenhuma garantia

"Lu, há nove anos fiz o mesmo caminho que você: me mudei de Anápolis para o Rio de Janeiro na cara e na coragem, cheia de sonhos. Fui muito feliz por sete anos, trabalhando na minha área de formação, que é design de moda. Há três anos, ganhei dois sobrinhos gêmeos maravilhosos, e quando eles nasceram o coração falou mais alto e me mudei para Brasília para acompanhar de perto o crescimento deles, sem saber o que seria da minha vida profissional. Decidi empreender e viver outra paixão: a gastronomia. Assim, surgiu a Oh Food, comecei com refeições e há nove meses fiz o meu primeiro bolo, um dos maiores desafios até agora. Com isso, acabei descobrindo essa outra paixão: a confeitaria. Me inspiro muito na mulher forte, determinada e radiante que você é. Obrigada por compartilhar tanto."

Toda vez quem venho a Brasília, minha cidade natal, sou recebida com muito carinho por pessoas e marcas da cidade. Desta vez, não foi diferente. No dia do aniversário da minha avó, recebemos um bolo lindo e delicioso da Isa, que comanda a Oh Food! Com o bolo, veio uma carta escrita à mão com um depoimento que me tocou lá dentro. "É ISSO! A VIDA É ISSO!", falei em voz alta.

Quando completei três anos em São Paulo, revivi toda a trajetória de lá até aqui em conversas com amigos e internautas, e, ao compartilhar alguns fatos nas minhas redes sociais, choveram perguntas sobre o tema. Muitas pessoas em dúvida se deviam ou não arriscar tudo, buscando algum tipo de conforto e palavras de encorajamento, como se eu tivesse a fórmula pronta para todas as questões. Deixa eu contar para vocês: eu não tive nem as respostas para as minhas dúvidas, que dirá para as dos outros.

Na vida, todos os dias, são pouquíssimas as nossas certezas. Quando decidi me mudar, saí da casa dos meus pais e vendi minhas empresas em busca de algo novo. Na mala eu levava algumas roupas, nenhuma garantia, muita insegurança e quatro certezas que me guiaram:

- ✓ estava viva;
- ✓ tinha muita vontade;
- ✓ o amor da minha família e dos meus amigos;
- ✓ a casa dos meus pais, caso precisasse voltar.

Toda grande mudança e toda grande decisão são seguidas de muitas interrogações. Se formos esperar sempre alguma garantia para cada passo que planejamos dar, jamais vamos sair do lugar. No fim, não temos garantia de nada. Se você não assume os riscos, nunca vai saber o que te espera do outro lado. Precisamos pagar pra ver, assumir os riscos e as consequências das nossas escolhas. E confiar na vontade e na intuição para superar o medo, pois ele sempre vai existir.

O depoimento da Isa me tocou, pois ilustra perfeitamente o que é a vida: poucas certezas e descoberta atrás de descoberta.

É sobre ouvir o coração e a intuição e aproveitar as delícias e as dores de cada novo passo e assim escrever a sua jornada, que é valiosa e cheia de transformações.

Hoje, tanto eu quanto a Isa (tenho certeza) estamos nos transformando e nos descobrindo dentro da nossa realidade, traçando planos e metas para o futuro com medo e poucas certezas, mas aproveitando cada etapa desse processo delicioso que é se descobrir. Vencendo medos e encontrando novas paixões.

love love love, Lu

Ouça: "Me Maten" — C. Tangana, Antonio Carmona Live at NPR's Tiny Desk

Como existir em dois mundos?

A dinâmica de escrever este livro tem sido desafiadora e deliciosa. Desafiadora, pois o processo criativo não tem sido 100% espontâneo. Pelo compromisso de escrever uma crônica por semana, existe uma certa obrigatoriedade de trazer à tona alguns assuntos mesmo quando eles ainda não estão totalmente digeridos. Por outro lado, a experiência tem sido maravilhosa. Um livro de crônicas também documental. Pelo frescor dos assuntos, é impossível não escrever sobre algo que não esteja latente.

Os últimos dias foram intensos. Meus pais vieram a São Paulo me visitar e conhecer um pouco do meu dia a dia, que, no ano pandêmico, puderam acompanhar apenas através das telas do celular. De um lado, passei a última semana na companhia deles com aquilo que tenho de mais precioso: minha família. Do outro, no mundo virtual, dois acontecimentos movimentaram o Brasil e despertaram vários sentimentos em mim. Fui obrigada a administrar e buscar equilíbrio para coexistir de forma saudável nesses dois universos: o virtual e o real.

Eis os cenários:

Cenário 1 — acompanhamos o *Black Mirror* da vida real: BBB. Por mais que há anos eu tenha abandonado o hábito de assistir televisão e de dar audiência para alguns programas, é impossível se esquivar dos babados e acontecimentos nas redes sociais. Somos bombardeados de todos os lados. O ataque e o cancelamento de um dos participantes, Lucas, escancararam a falta de um olhar mais condescendente e empático da sociedade e o excesso de julgamento e não compaixão, tão tóxicos a ponto de não permitir que um ser humano seja capaz de se redimir. Uma realidade que existe há anos além do reality, mas que hoje ganha holofotes e nos traz uma reflexão ainda mais profunda e necessária sobre o assunto, porém de maneira triste e dolorida.

Cenário 2 — Uma nova rede social desembarca no Brasil, causando um alvoroço e nos trazendo o desafio de inserir mais uma ferramenta no dia a dia do nosso trabalho e de nossa vida social: ClubHouse. Mais um canal para abastecer, mais uma fonte de conteúdo para beber, menos horas do dia para curtir OFFLINE. A nova rede trouxe consigo a FOMO (*Fear of Missing Out*) de brinde. Precisei de dois dias de loucura e excesso para aterrissar no meu estado de consciência para me organizar. A exigência de plena atenção e o volume de demanda e conteúdo têm nos levado ao limite. Me desliguei a tempo de aproveitar todo o fim de semana ao lado dos meus. Ainda bem.

Saber a hora de desligar não é um exercício fácil. Descobrir qual é o nosso tempo, também não. É uma tarefa nobre que envolve um grande conhecimento sobre si mesmo, mas que vale o esforço. Saber a hora de desconectar é equivalente a aprender a dizer NÃO. No mínimo, libertador. É um aprender e desaprender contínuo sobre o que queremos da vida. É não deixar que os compromissos de trabalho ou da agenda virtual ocupem todas as horas do dia. Muito menos deixar que a vida aconteça no tempo dos outros e não no nosso.

Não podemos viver no piloto automático. Precisamos aprender a desconectar. Até que ponto vale o desgaste físico e emocional nessa corrida sem fim de pertencer, produzir, fazer e acontecer até que a próxima novidade seja lançada? Ou que a próxima pessoa seja cancelada? Que a gente saiba coexistir com sabedoria, leveza e diversão. Afinal, para se conectar, é preciso desconectar também.

love love love, Lu

Ouça: "Say You'll Be There" — Ben L'Oncle Soul

Sucesso pra mim é...

A régua para medir o sucesso é diferente para cada um. O que é ser bem-sucedido para mim não vai ser o mesmo para você.

Afinal, o que faz uma pessoa ser bem-sucedida? Uma conta recheada no banco? Conseguir atingir os próprios objetivos e notabilizar-se por isso? É ser exemplo de ética, de retidão, de compromisso no trabalho? Ou chegar à velhice olhando para trás com aquela certeza de que fez o melhor e que pôde e ajudou muita gente no meio do caminho?

A verdade é que sucesso é um conceito amplo, cuja definição depende muito dos olhos de quem vê. O único fator comum a todos nós não é a definição, mas a forma como reagimos à sua presença. O sucesso traz consigo uma sensação de dever cumprido (ou parte dele), uma alegria capaz de deixar tudo mais leve.

É triste pensar que muitos de nós ainda enxergam o sucesso de maneira pobre e limitada, diretamente ligada ao dinheiro. Não é só isso. Não pode ser só isso. Se todos nós entendêssemos que ser bem-sucedido não depende exclusivamente de uma única realização e que é possível obter sucesso em diferentes momentos da vida, teríamos muito mais pessoas se sentindo bem-sucedidas do que fracassadas.

Aos 29 anos, eu me sinto uma pessoa extremamente bem-sucedida, não só pelas coisas materiais ou pelos objetivos financeiros que conquistei, afinal ainda tenho muito o que conquistar. Minha realização e meu sentimento são iguais, se não maiores, quando contabilizo todas as realizações que me preenchem e me fazem sentir uma leveza e um orgulho sem tamanho.

Me sinto bem-sucedida quando me vejo em um processo de crescimento e aprendizagem, quando reconheço nas minhas amizades as pessoas que mais admiro, quando sinto no fundo do meu coração que não existe felicidade maior do que estar rodeada da família, batendo papo e tomando café. Me sinto extremamente bem-sucedida quando vejo quão boa eu posso ser para as pessoas que trabalham comigo, como posso abraçar outras pessoas através dos meus textos ou como parei de me importar com o que não posso controlar.

Me sinto bem-sucedida, pois sou independente financeiramente e isso me garante a liberdade que sempre busquei, ou quando me vejo livre do apego e do ego em questões da minha vida. Me sinto bem-sucedida por não me sentir refém de nenhum comportamento ou crença, por julgar bem menos os outros, por respeitar meus limites e por conseguir tirar um dia da minha semana para curtir do jeito que eu bem entender. Minha lista de sucesso é extensa e, muito provavelmente, completamente diferente da sua, mas não é o seu sentimento que vai me fazer sentir mais ou menos bem-sucedida. Nosso sucesso é pessoal e intransferível.

Sentir-se bem-sucedido depende única e exclusivamente da sua validação e da sensação de dever cumprido. Não podemos deixar que o descrédito dos outros anule nossa capacidade de acreditar no verdadeiro potencial de fazer com que sonhos, metas e objetivos se tornem realidade.

love love love, Lu

Ouça: "I'm Into You" — Chet Faker

As bengalas da vida

Eu me lembro como se fosse ontem do dia em que me olhei no espelho e falei para mim mesma: "Parou. Está na hora de me cuidar, senão o prejuízo vai ser maior e o esforço para me recuperar também. Não dá para ter mais desculpa. A hora é agora".

Era abril de 2020, e já haviam se passado quatro meses de "férias" não planejadas. Curtir o Réveillon e beber com os amigos todos os dias já estavam na conta, e o Carnaval na Disney regado a MM's e cachorro-quente também, mas uma pandemia mundial, não.

Meu estilo de vida não me permite ser bitolada com alimentação o tempo todo. Eu acho um preço alto demais ter que abrir mão de coisas e comidas que me dão prazer para me manter saudável e ter um corpo em que eu me sinta confortável e fique orgulhosa de habitar. Logo, se eu não era capaz de abrir mão, precisei encontrar uma forma de viver o melhor dos dois mundos. Entendendo, é claro, que nem sempre vai ser possível. E tudo bem, desde que o desequilibrio seja apenas por um período e não vire um hábito.

Se todo ano, no meu projeto de viver minha melhor versão, eu já me programo para voltar com uma alimentação e hábitos mais saudáveis após o Carnaval, em 2020 meu plano foi por água abaixo. Com a chegada da pandemia logo quando estava retomando a minha rotina, vieram o medo, a ansiedade e a falta de planos. Resultado: mais de um mês focada 100% no trabalho, afogando a angústia em vinho e sendo abraçada por doces e Netflix sem fazer mais nada para equilibrar a balança. Lembro de pensar e dizer em voz alta: "Retomo tudo quando a pandemia passar!", mas ela não passou.

A minha virada de chave não veio somente pelo fator estético de me ver pelada na frente do espelho mais inchada que o normal. Não é sobre peso, é sobre qualidade, estímulos e todas as mensagens que estava passando para o meu corpo e se refletiam no meu dia a dia. Eu não estava infeliz comigo, pelo contrário, mas sentia que o meu ideal não estava ali e a energia precisava girar diferente. Marquei uma consulta on-line para entender o que eu poderia mudar na minha rotina para retomar os bons hábitos, fui atrás de *lives* gratuitas de atividade física, investi meu dinheiro em uma bike para não ter desculpa para não fazer nada por mim.

O início foi difícil. E como foi! Posso dizer que só peguei no tranco no segundo semestre, quando consegui regular melhor a alimentação e abrir mão por um período daquilo que reconhecia como gatilho para inventar mais uma desculpa.

Foi uma construção, e o resultado não chegou da noite para o dia. Depois de um certo ponto, o que é visível ganha destaque, e, para os outros, um "milagre" parece ter acontecido, mas não. Como tudo na vida, os nossos frutos são resultado daquilo que fazemos constantemente e buscamos para nós.

A vida sempre vai nos oferecer bengalas de apoio que usamos como desculpa para não buscar aquilo que não priorizamos. Vai parecer mais fácil se apoiar no sofá, ou no que é mais confortável, na falta de equipamento ou de tempo, na avó doente, no filho que não dá sossego ou na agenda de trabalho que não parece deixar um horário livre para você.

E tudo bem utilizar as bengalas por um tempo, pois elas também são capazes de nos ajudar, mas precisamos nos dar conta de que elas existem. Uma bengala não pode ser responsável por pausar a vida, mas sim por ressignificá-la.

Use sua bengala por um período determinado e não deixe que ela te impeça de encontrar sua força motriz. Lembre-se de que quem corre hoje já precisou aprender a caminhar também.

love love love, Lu

Ouça: "Looking Too Closely" — Fink

Amor não é acesso livre

Já foram diversas matérias lidas e bate-papos para debater sobre o compartilhamento de senha do celular e privacidade na relação, mas a minha opinião sobre o assunto continua a mesma: cada um que tenha e fique com a sua.

Há quem partilhe a senha do celular para situações emergenciais, e tudo bem, cada um com a fórmula do que funciona melhor para si, jurando de pé junto que nunca olhou nada além do necessário, mas, no meu caso, nem isso eu faria. A curiosidade de conhecer os segredos do parceiro é algo humano e compreensível (biológico, eu diria), e nem sempre temos maturidade ou autoconfiança suficientes para lidar com tal informação privilegiada. Até porque sabemos que uma relação não se mantém saudável e equilibrada 100% do tempo. E quando não estiver, e aí? A curiosidade vai matar o gato?

O assunto de hoje é Fla-Flu. Afinal, 80% dos casais já discutiram pelo uso de tecnologia e segredos on-line, como pontuou uma pesquisa. E eu me encaixo aí, pois já invadi a privacidade do outro e já tive a minha violada, mas não recomendo.

Eu era novinha (21 anos) e lembro que ele estava no banho quando o celular apitou com uma mensagem do amigo e eu não resisti em olhar. Além da imaturidade, que a própria idade confere, lembro de me sentir insegura por algo que estava vivendo.

Pronto, acabou, li uma mensagem totalmente fora do contexto e o mundo desabou.

Na discussão, além de perder a defesa, pois o que fiz era algo indefensável — invadi o espaço do outro sem a permissão —, me senti envergonhada. Afinal, a interpretação que eu fiz da mensagem era sobre o que eu sentia e não sobre o que o outro disse. No fim, não fez sentido algum. O episódio me machucou tanto que prometi que não faria novamente para não machucar nem o outro nem a mim sem necessidade. Invadir a privacidade do parceiro jamais resolveria minhas inseguranças, pelo contrário, mas o diálogo e doses de amor-próprio e autoconfiança, sim.

A individualidade e a privacidade dentro de um relacionamento são pautas que geram muita discussão. São diferentes linhas de pensamento, limite e interpretação. Há quem defenda a transparência total no relacionamento como prova de confiança, e outros enxergam a privacidade como um capricho, e não como direito. Independentemente disso, eu não vejo como qualquer tipo de controle possa servir para reforçar cumplicidade, mas sim como alimento para uma possível obsessão. Escolher partilhar ou não todos os aspectos da vida precisa partir, antes de tudo, da espontaneidade e da vontade, lembrando que quem optou por estar junto escolheu confiar também.

Enxergo o ato obrigatório de dar senha do celular como uma afronta à individualidade, fator que julgo essencial para o sucesso de qualquer relação. Não tenho problema em falar em voz alta a minha senha nem em passá-la se for preciso, mas, quando recebo tal informação, faço questão de ter memória curta para o que não me pertence, assim evito dar asas à imaginação. Até porque texto fora do contexto é pretexto para uma heresia.

Amor não é acesso livre; é disciplina, diálogo, trabalho e dedicação.

love love love, Lu

Ouça: "Ateo" — C. Tangana, Nathy Peluso

Luisa Peleja

Autoconhecimento é a minha libertação

Mais um 8 de março pra conta, mais uma confusão de sentimentos aqui. O Dia da Mulher está longe de ser um dia qualquer. É uma data importante para reverenciar e honrar todas as mulheres que nos abriram caminho ao longo dos séculos. Se hoje temos voz, é porque muitas lutaram por nós.

Eu poderia escrever sobre um aspecto afetivo, sobre o que é ser mulher, um recado para os homens, sobre a importância da rede de apoio e sobre inúmeros vieses que circulam o tema, mas vou bater na tecla de algo que julgo como uma ferramenta poderosa e transformadora para a nossa luta, ou melhor, para a vida: autoconhecimento e amor-próprio.

É através do conhecimento e da aceitação de quem somos, das nossas particularidades, sentimentos e vulnerabilidades que vamos conseguir atuar de verdade. Somente com o conhecimento da nossa potência, valorizando quem somos, é que ninguém vai nos parar.

Precisamos, antes dos outros, nos enxergar e nos reconhecer na íntegra, para saber comunicar aos que ainda não enxergam. Ao saber quem somos, o que queremos, vamos parar de delegar aos outros o poder de dizer como devemos ser. Isso inclui assumir as próprias escolhas, cuidar de si e realizar os próprios objetivos. Não que deixa de ser importante ouvir o que vem de fora, mas tão relevante quanto é você saber que está no comando e na influência das escolhas da sua vida.

Mulheres, desejo — hoje e sempre — que tenhamos um olhar mais atento e generoso para nós mesmas. Sem *script*, sem régua de comparação e sem limitação.

Homens, que vocês possam nos ajudar a enxergar o reflexo do que realmente somos e não nos fazer a sombra. Aceitamos os parabéns, as flores, os chocolates, o carinho, as mensagens de amor e reconhecimento, mas nada disso nos tira o foco do que é essencial: respeito, igualdade social, segurança, paz e liberdade de ser quem somos. Plurais, humanamente diferentes e livres.

love love love, Lu

Ouça: "A menina dança" — Baby do Brasil

"

Quanto mais você se conhece,
menos você sente a necessidade
de validação.

Quanto mais você se conhece,
mais você se sente capaz de se amar
e de ensinar o outro a te amar também.

Quanto mais você se conhece,
mais sabe da sua capacidade
de ser e fazer do seu jeito.

Quanto mais você se conhece,
mais vai se sentir livre e segura
para fazer suas escolhas.

Quanto mais você se conhece,
mais você se respeita e ensina ao outro
como ele deve te respeitar também.

Como reconhecer uma amizade verdadeira

Não vou mentir pra vocês que, ao decidir mudar de cidade após 26 anos morando em Brasília, um dos meus maiores receios era me tornar muito distante das minhas amigas. Mas já parto para o final: isso não aconteceu. Muito pelo contrário, acredito que os últimos três anos serviram para amadurecer partes e aspectos ainda não amadurecidos em mim em relação a cada uma delas.

Eu nunca fui do tipo de amiga grude, que se fala 24 horas e não tem segredos. Meu tipo de amizade preferido sempre foi daquelas fortes e leves ao mesmo tempo. Nas quais o que prevalece são a flexibilidade, a paciência, o bom senso e o amor genuíno, que ama e entrega o melhor de si sem cobranças, pois nem sempre o outro vai ser capaz de entregar aquilo de que precisamos. E, quando digo que tenho segredos, é porque acredito na poligamia, ao menos nas amizades, em que não é preciso contar tudo para todas nem saber tudo de todas. Há fases em que a conexão com uma vai ser maior, as semelhanças, as diferenças e os momentos de vida também, e tudo bem.

Muitas pessoas passam pela nossa vida, mas começamos a reconhecer uma amizade verdadeira quando somos capazes de acomodar nossa percepção da realidade, considerando a maneira do outro de percebê-la. Quando aceitamos o outro como ele é, com toda a sua singularidade, sem querer nem tentar mudá-lo e ainda assim ser capaz de acolhê-lo se for preciso. Passamos a reconhecer uma amizade verdadeira quando somos capazes de ficar felizes por aquela pessoa mesmo que a nossa realidade não nos traga o mesmo sentimento. Ou quando, simultaneamente, somos capazes de ser o espelho para as falhas e a escada para a edificação do outro. Reconhecemos uma amizade verdadeira quando ela nos acrescenta mais do que subtrai, mesmo com todos os desafios — e são muitos — que uma relação exige. Uma amizade verdadeira não te faz sentir culpa pelas suas escolhas, te faz ponderá-las.

Criar laços duradouros exige muito esforço. É se fazer presente, estar disposto a ouvir, ceder, trocar, conhecer o outro e a si mesmo, pois, quanto mais sabemos das nossas características e das nossas amizades, maior será a probabilidade de nos unirmos empaticamente e nos relacionar.

Eu poderia fazer uma lista infindável de aspectos que uma amizade verdadeira traz, pois tenho a sorte de construir boas e poucas ao longo da minha vida. Sim, verbo no futuro, pois as nossas relações são construções que devem ser alimentadas e aprimoradas ao longo dos anos. Não existe linha de chegada, existem o caminhar, o dar as mãos e seguir a cada novo ponto de partida.

love love love, Lu

Ouça: "Piloto automático" — Sandy

A vida e nossos rituais

Rituais vão além do divino. Mais do que intensificar o sagrado, eles trazem significado ao dia a dia, dão profundidade aos sentimentos e aumentam nossa conexão. Rituais não são apenas os eventos marcados pela cultura; o nosso cotidiano está repleto deles.

Minha vida sempre foi cheia de rituais, mas foi apenas no último final de semana que, ao escrever uma legenda para uma publicação, fui ter consciência da maioria deles. Pequenos hábitos que me acompanharam e me acompanham ao longo da vida como uma oração, trazendo conforto, segurança, conexão e doses de amor para o meu dia a dia.

Quando mais nova, lembro dos rituais antes de dormir (a oração seguida de uma hora de desenho), do jornal da CBN no carro a caminho da escola, da dormidinha pós-almoço ainda com uniforme antes de voltar a estudar. Do sonho de padaria que a minha mãe e meu pai traziam uma vez na semana, dos domingos em família regados a pizza e *Pânico na TV*, do crepe de Nutella com a Sis a cada novo ciclo de TPM e das resenhas no estacionamento no Pier com os amigos. Lembro de todas as minhas leituras embaixo da árvore de casa, do biscoito de Natal da minha avó que aguardo ansiosamente todo mês de dezembro e dos meus espetáculos de karaokê sozinha no carro, enquanto voltava pra casa ao passar pela ponte naqueles lindos momentos de entardecer em Brasília.

Se eu resgatar na memória, a lista de rituais dos últimos 30 anos, sozinha ou acompanhada, é longa. Sim, acompanhada, afinal, se não há ritual, não há relacionamento. E não falo apenas dos amorosos. É através dos rituais que fortalecemos nossos laços com nós mesmos ou com os outros. Se você for avaliar de perto um relacionamento ruim, vai notar a falta deles.

Comigo, tenho o ritual do banho regado a velas e música alta, o skincare, a malhação que não furo por nada, meu tempo de leitura nas manhãs antes do despertar do marido, o mergulho em séries "água com açúcar" nas tardes de domingo, minha viagem sozinha uma vez por ano, nem que seja por um final de semana, e a escrita de cada crônica que encaro como a minha comunhão.

Com as amigas, tenho o encontro anual; com a família, tenho o café das 17h no banco da piscina se estou na casa dos meus pais. Em casa, tem o cafezinho que levo na cama para o BVE despertar, o entrelaçar dos pés no edredom, o papo diário pós-expediente, a noite do vinho, um final de semana do mês que tiramos só para nós dois. Com a minha casa, o ritual é de acender as velas quando chego, o incenso quando alguém sai e deixá-la florida sempre quando eu souber que estarei lá.

Inconscientemente, crio rituais com tudo aquilo que quero me relacionar. O que para muitos é chamado de "rotina", eu chamo de ritual, pois tem mais encanto. Rotina fala de mesmice, algo sem energia. Nos rituais, está inclusa uma certa devoção. Diferentemente da rotina, eles exigem autodisciplina e renovação, afinal, nada é garantido. Se existem mudanças, eles precisam ser constantemente revisados. Ninguém está livre dos rituais, mesmo quem nega ter alguma ligação com o sagrado. Ao contrário do que muitos pensam, eles não precisam ser bem elaborados, esotéricos ou muito específicos. Eles só precisam existir sem pressa, pois é no vagar de sua consumação que o aceno para algo divino se revela, cria laços, traz segurança, equilíbrio emocional e um pouco mais de vida em meio ao caos.

love love love, Lu

Ouça: "Lately" — Celeste, Gotts Street Park

Grito

Quando bebês e crianças, vivemos um grau de consciência elevado, sem interferência externa, e a única versão de nós mesmos que enxergamos é a nossa face original. O tempo passa, e a interferência, os julgamentos, as críticas e a necessidade de reconhecimento vão distorcendo nossa imagem refletida no espelho, e essa versão original vai dando espaço para uma nova.

Na verdade, nunca ninguém nos ensinou que ser nós mesmos é o melhor. Os modelos que temos nesta realidade estão sempre baseados em comparações com outras pessoas, para sempre cabermos e sermos aceitos na escola, no grupo de amigos, no trabalho. Ainda adolescente, surge o sentimento de nunca ser bom o bastante. Bonito o bastante, inteligente o bastante, criativo o bastante... Nunca somos bons o suficiente. Mas aí é que está, nunca seremos. E aceitar que agradar a todos é um caminho impossível é o primeiro passo para a nossa libertação.

Quando vivemos em constante necessidade de reconhecimento, caímos numa dependência e acabamos vivendo a vida que alguém escolheu para nós, e não a nossa própria. Mas, mesmo com medo de não agradar e de parecer inadequado, a beleza de ser quem somos está em nós, ainda que escondida. Quando reconhecemos o valor e o poder de quem somos e deixamos os julgamentos para trás, abrimos espaço para nossa essência viver de forma autêntica e feliz. Nossas ideias, nossos pensamentos, nossas opiniões, nossos gostos e desgostos, nossas verdades e todos os nossos sentimentos começam a ganhar voz.

De um tempo pra cá, tenho refletido sobre como a vida seria sem graça se pessoas incríveis tivessem deixado de se expressar e ser quem elas são pelo medo do julgamento. Quantos novos jeitos de viver a vida e a beleza seriam desperdiçados? Muitos.

O caminho não é confortável. Pelo contrário, é dolorido, difícil e não acontece da noite para o dia. É sobre questionar todas as crenças naquilo que tomamos como verdade em algum momento. É abrir espaço para a versão complexa, bagunçada, ilimitada e fascinante de nós mesmos atuar. É aceitar isso, abraçar a si mesma e também abraçar nosso maior medo: que somos poderosos além do que conseguimos controlar.

Não faz muito tempo que descobri que eu sou e posso ser quantas versões eu quiser de mim. E, agora que eu sei disso, grito.

Eu sou forte e sensível. Sou engraçada, mas também controladora. Já fui orgulhosa, hoje sou leve. Sou misteriosa, transparente, direta, mas romântica. Sou do toque, porém independente. Sou da escrita, mas amo a voz. Sou festeira e caseira, determinada, mas às vezes indecisa. Gosto de escolher, mas não gosto de muita opção. Às vezes noturna, às vezes diurna. Sou moleca e mulherão. Sou organizada, mas sei bagunçar. Já não vali nada aos olhos dos outros, mas hoje sei o meu valor. Sou mutante e, quanto mais eu me transformo, mais eu gosto de mim.

Deixe que os outros lidem com suas tarefas sobre o que esperam de você, porque não há nada mais delicioso do que poder ser sincero quanto ao nosso jeito de ser.

"E, agora que não precisamos ser boas, podemos ser livres."

Glennon Doyle, em *Indomável*

love love love, Lu

Ouça: "Sober" — Mahalia

Irritantemente positiva

Esse adjetivo já me foi dado por amigos, familiares e seguidores, e assim também me defino.

Mas, afinal, o que é ser positiva? A meu ver, uma pessoa positiva é aquela que exercita um olhar mais otimista sobre a vida, e isso se reflete no comportamento e também nas emoções. Ser positivo é focar o lado bom das situações sem a necessidade de eliminar o lado desafiador da vida. Afinal, o otimismo não nos protege do pior, só nos ajuda a lidar com ele.

Mas, como tudo na vida é dual, até o que é bom pode ser nocivo, dependendo da dose. Até a própria positividade pode se tornar tóxica se passar a ser uma obrigação e começarmos a nos esforçar para não sentir medo, tristeza ou raiva, emoções que, apesar de desconfortáveis, têm funções essenciais na nossa vida.

Positividade saudável está relacionada à resiliência, que é a capacidade de, em uma situação ruim, lidar com ela e sair mais forte da experiência. Já a tóxica é a negação de uma situação. É a exaltação do positivo e a repressão do negativo. É a positividade sem empatia. É a positividade disfarçada de fuga.

Focar os aspectos positivos das diferentes situações que ocorrem na vida é construtivo e até terapêutico, mas o problema é quando não damos vazão aos sentimentos ruins ou aos nossos problemas. Nossos e dos outros. Quando, em vez de acolher e ajudar, reprimimos a pessoa por sentir-se mal.

Impor que as outras pessoas sejam positivas é desconsiderar as experiências individuais de cada um. A busca por esse sentimento deve ser uma possibilidade, não uma obrigação.

Eu educo meu cérebro para me manter grata e positiva, mas nunca levo para baixo do tapete meus problemas e meus sentimentos ruins. Pelo contrário, trabalho isso em mim todos os dias. Afinal, evitar o sofrimento é uma forma de sofrer, e as consequências a longo prazo são ainda mais brutais. Uma hora a conta chega para todos.

Ter a positividade como uma das minhas principais características já foi responsável por atrair pessoas, mas também por repelir várias delas.

Em um mundo — e num momento — em que todos estão excessivamente vulneráveis à infelicidade, a positividade não é vista com bons olhos por aqueles que estão passando por questões difíceis e desafiadoras. E tudo bem.

A positividade do outro sempre vai parecer tóxica para quem não está em um bom momento. É preciso ter inteligência emocional para manter a saúde mental em dia. Usar as redes sociais de maneira mais racional é um dos caminhos. Eliminar o que nos faz mal, deixar de seguir alguém se não faz bem, nos reservar se não estivermos prontos pra receber tantos estímulos vindos de todos os lados.

O primeiro passo para sentir a felicidade é se permitir sentir TUDO. Acolher os sentimentos desconfortáveis e ver a felicidade não como meta, mas como efeito de uma vida que vale a pena ser vivida, independentemente de toda a parte ruim que existe nela (e precisa existir).

Ser positiva não é dar as costas para o que é negativo, mas tentar descobrir o lado bom nas maiores contrariedades e poder ser instrumento de mudança em um ambiente onde tudo parece sucumbir.

love love love, Lu

Ouça: "O mundo é um moinho" — Cartola

Felicidade também é contagiosa

Você provavelmente já sentiu culpa; na pandemia, então, nem se fala. Afinal, que lugar a felicidade ocupa diante de tragédias como uma pandemia? É possível falar sobre felicidade, ou até senti-la, sem ser insensível com o sofrimento de outras pessoas? Sim. E digo mais: falar sobre felicidade ficou ainda mais urgente durante a quarentena.

Para início de conversa, é importante frisar que felicidade não é o oposto da tristeza ou do sofrimento. É possível sentir coisas positivas e negativas ao mesmo tempo. Não precisamos esperar que todos estejam bem para sermos felizes. A felicidade não precisa ser condicionada ao que está acontecendo no mundo, nem devemos colocar muitas condições na frente dela, senão, infelizmente, fica impossível sentir-se feliz.

Também não dá para falar de felicidade de forma insensata. Precisamos olhar todo o contexto com responsabilidade, mas é diferente dizer "me sinto mal por ser feliz" e "me sinto mal por alguém sofrer". Uma coisa é ter empatia e compaixão, outra coisa é sentir culpa por algo como a felicidade.

Não é certa nem saudável a autossabotagem. Os sentimentos de pena e compaixão, quando excessivos, acabam nos transformando em pessoas doentes, o que também não ajuda em nada. Seremos mais parte do problema, e não parte da solução. Doentes e infelizes, não ajudamos ninguém.

Ser feliz não anula nossa capacidade de ter empatia e sentir tristeza pela dor do outro, nem significa que ignoramos todos os problemas do planeta e não enxergamos a realidade como ela é.

A culpa vira e mexe nos visita de alguma maneira, mas é preciso nos livrar dela, dessa voz interna que não nos permite sermos nós mesmos. Se você estiver feliz, seja. Afinal, isso também é mérito seu, resultado de busca e construção diárias. Você é merecedor(a). Desfrute o hoje. Receba essa felicidade de braços abertos, pois a vida sempre se renova e ninguém é feliz o tempo inteiro.

Não espere a solução para todos os problemas do mundo para ser feliz. Seja feliz com tudo o que tem. Em tempos de pandemia, lembre-se que a felicidade também é contagiosa.

love love love, Lu

Ouça: "Be The Change (The Shelter)" — Marieme

Primeiro vive, depois posta

R esolvi escrever esta crônica após dar de cara com a seguinte pergunta nas redes sociais: "Será que sua liberdade de ser foi engolida por um algoritmo?".
Para ela, existem diversas interpretações. É de quebrar o coco. Tanto no que diz respeito ao fato de os algoritmos assumirem a tomada de decisão humana, quanto na parte que fala sobre como eles estão norteando a postura e influenciando o comportamento das pessoas nas redes sociais, na corrida para crescer numericamente e ser reconhecido.

Na era digital, os algoritmos deixam de ser apenas construções técnicas e passam a ser também sociais. Por isso é importante debater e criar consciência sobre os diversos aspectos deles para compreender seus reais propósitos. O algoritmo não é o vilão, mas é muito fácil virar escravo dele. E eu já fui.

Se hoje me atrevo a escrever sobre o tema, é porque me sinto livre das correntes que um dia me aprisionaram. Eu era movida por uma ansiedade de viver e parecer ao mesmo tempo, o que me impedia de viver, de fato, o momento presente.

Essa maratona em que todos disputam por um espaço no topo tem deixado as pessoas ansiosas, malucas e sem personalidade. Algo que deveria ser leve e gostoso, que é se mostrar para o mundo, contar sua história e criar conexões, tem sido tenso e quase um martírio. Em vez de nos sentirmos livres e à vontade em ser quem somos, acabamos deixando nossa personalidade de lado para ser o que é viral e nos esquecemos daquilo que temos de único: nossa história.

Até que ponto vale a pena fazer o mesmo que todos estão fazendo e deixar sua personalidade de lado? Dependendo do seu objetivo e do planejamento, seja você pessoa ou empresa, dançar conforme o algoritmo vai fazer sentido por um tempo, mas isso não pode te consumir. Precisamos usar o algoritmo e as redes sociais de maneira estratégica e saudável, pois a internet que constrói é a mesma que destrói.

Fazer o que faz sentido para você talvez não dê o alcance e o resultado imediato que você espera, mas vai fazer com que as pessoas certas cheguem até você. Tenha certeza disso. E, vamos combinar, é uma pena que o desejo de singularidade esteja tão em baixa e a conexão com o mundo real também.

Vale lembrar que é gostoso ser autêntico, diferente e livre. Vale lembrar que você pode jantar tranquilamente com sua família e seus amigos sem a necessidade de publicar uma foto imediatamente ou que você pode aproveitar o dia inteiro da sua viagem e subir os stories ou posts somente ao anoitecer. Gosto de lembrar que é possível — e necessário — dizer o que você pensa sem pretender se encaixar no ranking das hashtags, e, sobre as mensagens privadas e comentários, não se preocupe! Se você não conseguir zerar e responder a todos, está tudo certo, afinal, se nem no WhatsApp ou no grupo da família você o faz, vai ficar ansiosa e perder a paz por não conseguir responder alguém que ainda lhe é estranho?!

Não se cobre, não se culpe, separe um tempo para se dedicar às redes e interaja com moderação. A liberdade está ligada com nossa capacidade de nos sentirmos à vontade em ser e fazer algo. Esteja confortável para escolher o que e quando postar e não escolha fazer algo só porque a internet toda o faz.

Nem tudo o que se vê nas redes sociais é realmente uma tendência. Tendência mesmo é priorizar, antes de qualquer algoritmo, a você mesma.

Lembre-se daquele conselho maquiado de esporro da nossa mãe que sempre dizia: "Você não é todo mundo". Ela tinha razão. Ainda bem!

love love love, Lu

Ouça: "Blinded" — Deep Chills, Emma Carn

Nem todo dia é de pão quentinho

Nem todo dia é de pão quentinho, a gente sabe. Mas saber é uma coisa; difícil é estarmos preparados para os dias ruins ou as notícias que dão origens a eles.

Recentemente tenho vivido dias cinza e coloridos, e cinza... e azuis...Ok, não tão azuis assim. Pois é, os últimos dias foram essa montanha-russa de emoções e cores que a vida vira e mexe — inevitavelmente — prega na gente.

Em tempos de pandemia, um incidente que aconteceu com uma de minhas avós a levou para o hospital e deu início a uma série de contratempos que protagonizaram as últimas duas semanas. Sem entrar em detalhes, quero compartilhar as reflexões que esse tornado de acontecimentos rendeu. São diversos aspectos que, bem como adiantou a minha mãe, "dariam um livro". Logo, vamos por partes.

Afinal, quando será a nossa última vez?

A pergunta pode parecer macabra, para outros até poética, mas ela é real. Precisamos falar sobre isso. Quando será o seu último café da manhã, o último abraço, último sorriso, última gargalhada com quem você ama, última garfada no prato, última noite de amor? Quando?

Quando será a última viagem, a última entrega de trabalho, o último oi, até logo ou adeus? Nenhum de nós sabe ao certo, e a probabilidade de ser a última é igual para todos e não somente para aqueles acometidos por uma doença, ou mesmo a covid. A vida é uma roleta-russa, frágil, casual, inesperada e mágica.

Talvez, se tivéssemos essa consciência todos os dias e não somente naqueles em que somos expostos à fragilidade dela, aproveitássemos o hoje com muito mais sabor.

Não quero ter aquela sensação de que, se eu soubesse que era a última vez, eu teria feito diferente, mais ou melhor. No fundo a gente sempre acredita que haverá um amanhã para fazer uma revisão, mas o dia de amanhã não está prometido para ninguém. Essa é a verdade.

Acreditar no fluxo da vida sempre me traz a paz e a consciência de que eu preciso para encarar os acontecimentos sem desespero, mas a insegurança sobre as coisas que não posso controlar bate à porta e me faz questionar sobre tudo aquilo que ando fazendo com meu tempo aqui "e não há tempo que volte, amor. Vamos viver tudo que há pra viver", já dizia Lulu Santos. Hoje, e não amanhã.

love love love, Lu

Ouça: "Runaway" — Aurora

> Às vezes, não há nenhum aviso.
> As coisas acontecem em segundos. Tudo muda.
> Você está vivo.
> Você está morto.
> E as coisas continuam.
> Somos finos como papel.
> Existimos por acaso.
>
> *Charles Bukowski*

O que eu faço na hora da dor

Ninguém está imune aos desafios, às crises, às doenças, às decepções e ao sofrimento. Assim como também não está às vitórias, às alegrias, às conquistas, aos amores e às superações. Nenhuma vida é só doce, e nenhuma vida é só amarga. Porém, por mais que a gente saiba disso, ninguém nunca está preparado para encarar a parte dela que tem menos sabor. Quer dizer, sabor até tem, mas ele está longe de ser algo parecido com mel. É ácido, azedo e amargo. Queima, machuca e faz arder.

Escrevo este texto vivendo dias amargos. Naquele trecho da vida com quedas livres e loopings, em que tenho pouco tempo para recuperar a respiração. Na fase em que é necessário apertar o cinto da fé, fechar os olhos e confiar na vontade de Deus, com a única certeza de que tudo vai passar.

Mas, afinal, como não sucumbir ao medo e a tanta insegurança quando somos colocados na fileira da frente para encarar nossos medos? Na minha opinião, não resistindo. Na hora da dor, eu escolho me entregar, gritar e confiar. Não é sobre não sentir medo ou não sofrer, é sobre não permanecer ali.

Eu escolho não permanecer na dor. Eu escolho passar por ela. Sinto, choro, rezo, choro de novo, respeito o meu tempo, mas tento não permanecer naquele lugar e naquela energia que me adoece. Para tirar o amargo da boca, eu bebo água, tomo um banho e uma dose de vitamina D. Leio algo que me faça rir, converso com um amigo, assisto a uma série boba, trabalho, agradeço a Deus pelas pequenas grandes coisas e faço planos. Mentalizo coisas boas, canto, arrumo meu armário, namoro, visto uma roupa que me faça bem. Faço atividade física, bebo um vinho, cuido de mim, faço um *skincare*. Me permito sorrir.

Na hora da dor é preciso sofrer, mas também é preciso deixar-se feliz. Reagir e usufruir ao máximo a sensação de alívio e calmaria até a próxima queda, pois todos sabemos que um dia ela vem. Portanto, cabe a nós decidir o que fazer nesse meio--tempo: deixar que o que você viveu te adoeça ou ir em busca da próxima doçura.

Viver, como li uma vez, é como comer um pacote de jujuba, mas sentado em uma montanha-russa. Nem sempre o pacote é todo doce e nem sempre é amargo, mas sempre tem emoção.

Aguenta firme.

love love love, Lu

Ouça: "O segundo sol" — Cássia Eller

Ressoar

Uma amiga que atravessou um processo e venceu o medo para abrir a própria empresa, outra que conseguiu engravidar. Um amigo que venceu um trauma de relacionamento e se abriu a uma nova paixão, o pai de outro que se recuperou de uma doença. Uma que se redescobriu após uma separação, aquela outra que realizou o tão sonhado passeio de balão em uma viagem.

Apenas alguns poucos exemplos de conquistas de amigos e pessoas amadas que me fizeram vibrar e chorar junto. Senti a alegria e a conquista como se aquilo ali fosse meu. E, de fato, foi. Há algum tempo, em um discurso em um dos encontros com minhas amigas mais próximas, lembro de ter dito a elas que a minha felicidade — de verdade — só é completa quando sou capaz de vibrar e ser feliz com a felicidade do outro.

Quando um amigo, ao compartilhar alguma alegria, desperta em mim o sentimento de gratidão e nada parecido com "quando será a minha vez?!".

Reconhecemos a verdadeira alegria quando a felicidade do outro não nos incomoda, pelo contrário, só nos faz mais felizes, mesmo que, naquele momento, nada esteja bem. Quando não agimos pelo ego ou pelo egoísmo e percebemos que no mundo há espaço suficiente para a felicidade de todos, inclusive a nossa própria. A felicidade genuína é real quando a alegria do outro vira fonte de inspiração ao invés de desânimo, incentivo ao invés de competição e comemoração ao invés de cobiça. Acho difícil entender quais ganhos uma pessoa tem ao permitir que a inveja tenha espaço em seu coração. Afinal, tudo o que você deseja e sente pelo outro você atrai para si.

Permita que o seu corpo vibre e seja atingido positivamente pelas vibrações produzidas por outro corpo. Seja aquele objeto que permite ser excitado por algum agente externo e vibre nessa frequência com amplitude máxima.

O mundo é grande o suficiente para abrigar milhões de conquistas e alegrias, e não somente as nossas. Hoje eu me sinto plenamente feliz. Por mim e pelo outro, escolho ressoar.

love love love, Lu

Ouça: "Loud Places" — Jamie xx, Romy

A vida é feita de fins

Não foi a primeira nem será a última vez que me despeço de alguém que amo, mas me despedir de duas, ao mesmo tempo, foi.

Chega a ser impossível não ver beleza, amor e até poesia na despedida de hoje. Minhas duas avós escolheram o mesmo dia para partir deste plano.

Após semanas, longos dias de UTI e luta, elas se foram. De mãos dadas, as duas matriarcas da família.

Eu já vi a morte como algo muito ruim. Quando mais nova, no meu primeiro contato com ela, cheguei a questionar se aquilo ali não era castigo. Mas aí vêm a vida, a maturidade, a espiritualidade, a fé em algo maior, e a morte passa a fazer sentido. Faz parte de um ciclo essencial que todos nós — alguns precocemente, aos nossos olhos — vamos passar.

Entretanto, por maior que seja o nosso entendimento e preparo (se é que existe preparo para isso), perder alguém nunca será fácil. Mas não é a morte que dói. Muitas vezes é a forma como ela acontece, é a saudade, é o vazio que fica. É isso que machuca. É o cheiro que falta, o sorriso que permanece na memória, a rotina que precisa ser redesenhada e um novo canal de comunicação que precisa ser estabelecido também. É o desconforto que dói, não a morte.

Enquanto dói a gente chora, ri, chora de novo, vive e vai se adaptando a uma nova configuração de vida até que a dor passa. Ficam o vazio, a saudade, mas fica a gratidão pelos momentos vividos juntos, pelas lembranças que criamos e, acima de tudo, pelo amor que cultivamos. Aquilo que antes era material e carnal passa a ser energético e não palpável.

Tem pessoas que ainda enxergam a morte como vilã, mas eu prefiro recebê-la e aceitá-la com olhos de amor. Eu aceito, eu recebo, eu sinto — muito — e ressignifico.

E o que eu sei sobre a partida? Pra quem tem fé, a vida nunca tem fim.

Nem sempre é fácil, mas sempre é possível.

love love love, Lu

Ouça: "Onde anda você" — Toquinho e Vinicius de Moraes

> Eu amo tudo o que foi
> Tudo o que já não é
> A dor que já me não dói
> A antiga e errônea fé
> O ontem que a dor deixou,
> O que deixou alegria
> Só porque foi, e voou
> E hoje é já outro dia.

Fernando Pessoa

O desafio diário de sermos nós mesmos

Sermos nós mesmos deveria ser uma tarefa fácil, mas se torna extremamente desafiadora com tantas influências profundas, seja da família, da escola, da igreja, da empresa, do clube ou dos amigos. A verdade é que está cada dia mais difícil conseguir esse feito, pois somos condicionados continuamente por fatores externos e pelas pessoas ao nosso redor. Logo, ao menor sinal de autenticidade, consciência e conforto em ser quem somos, eu torço para que possamos abraçar e comemorar cada instante dessas vitórias.

Foi isso que aconteceu comigo, ao olhar uma foto minha, sem filtro, sem maquiagem e prestes a completar 30 anos. Uma sensação de conforto e alegria em estar de bem comigo mesma, me reconhecendo por dentro e por fora, sem muita intervenção externa.

Longe de mim ser contra intervenções estéticas, afinal, tenho silicone, não vivo sem a extensão das unhas e prezo para que o meu botox esteja sempre em dia, mas, diante de tudo o que nos é ofertado, posso comemorar o fato de ter editado pouca coisa em mim até aqui. Agora, se você me perguntar se vou permanecer assim, intacta quanto ao preenchimento ou às lentes de contato, por exemplo, a resposta possivelmente será *não*, mas vou me ater a falar do hoje.

Minha alegria não foi apenas pelo simples fato de ter me rendido a poucos "retoques", mas de não ter me perdido de mim mesma no meio do caminho. De não ter sucumbido a alguns padrões estéticos nem a valores, crenças e metas coletivas, tentando alcançar um modelo de ser humano que a maioria prega. O conforto veio justamente por me reconhecer nas minhas imperfeições, qualidades e na minha transformação. Por não me ver cega pela ditadura da beleza que faz de tudo para que acreditemos que estamos sempre inadequadas sob o ponto de vista estético.

Somos seres em evolução, e tenho consciência de que mudanças — emocionais e físicas — são necessárias, mas espero que elas aconteçam para o nosso próprio desenvolvimento pessoal, e não para agradar os outros. Pode ser que os dentes infantis um dia não me agradem mais, os lábios finos de Monalisa também não, as sobrancelhas ganhem um novo desenho ou os cílios postiços voltem com tudo à minha rotina, mas hoje posso comemorar o fato de não me sentir frustrada e insatisfeita a respeito das minhas características.

O que eu celebro é o meu olhar desperto de aceitação e admiração para aquilo que sou hoje, mesmo com tanta régua alheia sendo oferecida para me medir.

love love love, Lu

Ouça: "I Say a Little Prayer" — Aretha Franklin

Os planos que eu não fiz

Planos, planos, planos... Imprescindível fazê-los e necessário não nos prendermos a eles. Planos que guiam o nosso caminho, direcionam escolhas, motivam, dão rumo à nossa vida e não nos permitem levar os dias completamente à deriva. Eles nos dão propósito.

Plano, no dicionário, significa projeto, intenção e desígnio. Quando os traçamos, estamos alinhando metas e caminhos que precisamos percorrer para conquistar nossos desejos outrora listados. Como é bom fazer planos. Assim como é bom não viver somente de acordo com o *script* de cada um deles.

Eu amo planejar nos detalhes, sentir o frio da barriga que o processo de realizá-los me traz. Fiz muitos planos (e ainda os faço), mas quantos planos no último ano não se concretizaram! Parte de mim viveu, sim, o luto necessário que alguns deles me fizeram sentir, mas outra parte igualmente disposta se abriu para receber aqueles que eu não fiz. Pois uma coisa é certa: algumas vezes nossos planos vão coincidir com os caminhos da vida, mas essas são apenas algumas das infinitas coincidências dessa experiência na Terra.

É uma vigília eterna entre fazer planos e não se apegar a uma realidade que construímos, mas que no fundo não poderemos — ou nada nos garante — manter. É o desafio diário de aprender a lidar com as frustrações da mesma maneira que lidamos com nossos acertos e nossas conquistas. É, acima de tudo, aceitar, respeitar, confiar e agradecer também pelos planos que não fizemos. E como é difícil!

No meu sonho de adolescente, eu planejei comprar um apartamento aos 30 anos. Ano passado, tinha planejado escrever mais um livro, fazer algumas viagens, três vezes um casamento. Assim como planejei ter me matriculado em um curso, ter lido mais alguns livros e ter minhas avós aqui. Mas e os planos que eu não fiz?!

Os planos que eu não fiz me levaram a desenvolver um livro em novo formato, descobrir-me mais caseira, cuidadosa, e fizeram meu relacionamento evoluir alguns anos no período de um só. Os planos que eu não fiz me levaram a estudar por outros caminhos, desenvolver novas habilidades, praticar um novo tipo de leitura e descobrir novas versões de mim. Os planos que eu não fiz me levaram a enxergar em todo dia comum uma data especial e, bem ou mal, trouxeram minhas avós para ainda mais perto de mim.

Nessas vírgulas e mudanças de parágrafo de que é feita a vida, eu me pego sempre redesenhando a rota. Jamais deixarei de fazer planos, mas não viverei exclusivamente para eles. Afinal, posso fazer planos, mas nunca poderei controlar o amanhã.

Já olhou com carinho para os planos que você não fez?

love love love, Lu

Ouça: "Teenage Fantasy" — Jorja Smith

17.6.2021

Engraçado, de todos os textos e crônicas que já escrevi na vida, os votos do meu casamento foram os que eu mais idealizei. Escrevi mentalmente mil trechos e parágrafos ao longo desses três anos de relacionamento enquanto tive o prazer de conviver com você. Na minha idealização, eu escrevia os votos no conforto de casa, olhando pra você enquanto me deliciava com uma taça de vinho. Nos meus planos, eu proferia este texto em voz alta, microfone trêmulo na mão, te olhando nos olhos e rodeada das pessoas que mais amamos.

Mas a realidade não é nada disso. Enquanto escrevo este texto, estamos a poucas horas de nos tornarmos oficialmente marido e mulher. Ainda estou no trabalho e, no lugar do vinho, tomo a décima xícara de café. Em vez de te olhar enquanto organizo os sentimentos em palavras, te imagino em mil cenários e, contrariando as expectativas, vou discursar para você em uma mesa de restaurante. Mas quem foi que disse que enxergo as contrariedades da vida de forma menos valiosa? De jeito nenhum. Afinal, hoje é um dia especial, como outro qualquer. Sim, o ordinário para nós é isto: todo dia é um dia especial. Não precisa ter festa, pompa ou muito *script* para que a gente viva e crie algo extraordinário.

Como escrevi outro dia, os planos que a gente não fez podem, sim, nos entregar algo melhor. De uma festa de casamento, ganhamos três minicelebrações e farras e, por que não?, mais de uma declaração. Pensei se deixaria meus votos para o ano que vem, mas reavaliei e decidi tornar a troca de votos — ao menos os meus — mais um dos nossos rituais.

BVE... A partir de hoje é papel passado e fato consumado. A consolidação dessa parceria linda que só nos faz crescer. É maluco pensar sobre o futuro em tempos de tanta imprevisibilidade, mas com você é muito fácil. As motivações são infinitas, e eu tenho muitos motivos para te dizer e repetir quantas vezes for necessário: SIM.

Eu te escolho pela sua generosidade e pelo tamanho do seu coração.

Eu te escolho pelo amigo e filho que você é.

Eu te escolho pelo pai que você já demonstra ser.

Eu digo sim porque você me desafia.

Eu digo sim porque você cozinha como ninguém.

Eu digo sim porque você entende meu tempo, meus movimentos e meu humor.

Eu te escolho por ser a mistura perfeita do garoto que precisa ser amado e do homem em quem eu confio para me entregar.

Eu te escolho porque você é porto, é a calma, mas também é o furacão que me bagunça inteira e tira tudo do lugar.

Eu te escolho porque a gente pega fogo.

Eu digo sim porque você me ajuda a enxergar as minhas sombras e curá-las, assim como ressoa a minha luz.

Eu digo sim porque você me ouve.

Eu digo sim porque você me respeita.

Eu te escolho pelo seu pé feioso.

Eu te escolho pelo jeito de me olhar.

Eu te escolho pois você transforma as pessoas e tudo à sua volta.

Eu digo sim porque você é ponte.

Eu digo sim porque você é sem noção.

Eu digo sim porque está para nascer alguém que exija mais a minha atenção.

Eu te escolho porque te admiro.

Eu te escolho pelo frio na barriga.

Eu te escolho não apenas por amar quem você é, mas principalmente por amar quem eu sou com você.

Diferentemente dos votos, eu nunca idealizei um casamento perfeito, mas sempre acreditei em uma relação em que, apesar de todos os desafios, os dois se escolhessem sempre. E que assim a gente permaneça. Com respeito, paciência, amor, cumplicidade e os pés entrelaçados embaixo do edredom.

Te amo com tudo o que tenho e em todas as suas versões.

love love love, Lu

Ouça: "Por você" — Barão Vermelho

De repente 30

O título da crônica nunca fez tanto sentido. De repente, me distraí e estou a um mês de me tornar uma legítima balzaquiana.

Toda virada de década é uma data emblemática: 10, 20, 30, 40, 50, 60, 70, 80 anos... Mas os 30, não sei, tem algo aqui. É aquela idade em que não estamos nem lá nem cá, mas sim no meio do caminho. Aquele momento em que não nos sentimos nem velhos demais — longe disso —, mas também não tão jovens assim.

Aos 30, somos cobradas por estabilidade mental, material, espiritual, estrutura e firmeza, enquanto na verdade estamos em um processo de reestruturação e reorganização interna. Quando parte de nós tem o *frisson* da juventude correndo nas veias e a outra, a seriedade e a responsabilidade que a vida adulta requer.

Ora nos pegamos desejando ir a uma balada ou jogar tudo para o ar, ora percebemos que temos a nossa vida nas próprias mãos sem a intermediação de outros adultos, e que a busca pelo nosso lugar ao sol depende única e exclusivamente de nós.

Se, na adolescência e na casa dos 20, o desenvolvimento era do corpo físico e da personalidade, na casa dos 30 o amadurecimento e a busca se concentram em níveis mentais, espirituais e emocionais. Em outro momento, os 30 anos pareciam assustadores, afinal, a idade era sinônimo de ter o destino traçado, mas, graças a Deus, passou. Atualmente, não é mais a influência dos sonhos da família que vale aqui, mas sim o que desejamos pra nós.

Aos 30 nunca me senti tão dona de mim, das minhas contas e das minhas vontades, mas também nunca me senti tão dividida entre os planos que quero buscar agora ou jogar para depois. Os 30 têm me colocado frente a frente com a menina que eu fui e com a mulher que eu ainda desejo me tornar, e isso intimida na mesma proporção em que inspira.

Muita gente romantiza a chegada dos 30 anos, mas vamos falar a verdade: estamos no limbo. E eu não sei vocês, mas a indecisão para mim nunca foi romântica. É estranho se reconhecer jovem demais para ser velha e velha demais para ser jovem. Nova demais para levar tudo tão a sério e velha demais para fingir que tanto faz.

Enquanto vivo esse dilema entre largar as cordas de quem eu fui e focar os projetos de amanhã, também me delicio com essa versão mais liberta, segura, seletiva e divertida de hoje, que, independentemente da idade, se sente cada vez melhor. Uma jovem mulher, uma alma de senhora e com espírito de menina. Trintemos! Vale lembrar que a juventude não mora em números.

love love love, Lu

Ouça: "Aquela dos 30" — Sandy

Te humanizo

Quando eu o vi pela primeira vez, a gente já se pertencia. É maluco pensar nessa conexão.

O meu colo virou seu lugar favorito desde o dia um. Mais novinho, ainda recém-nascido, ele era tímido, desconfiado, mas sempre carinhoso.

No começo era tudo novo, pois, apesar da nossa conexão, nós mal nos conhecíamos. Para ele, tudo era estranho, e não foi muito diferente para mim. Sempre fui tia, nunca havia sido "mãe".

A gente se olhava no olho, eu falava baixinho, mas, nossa, como eu dizia "não". Ele dependia muito de mim.

Com o tempo, entramos numa dinâmica com horários e algumas regrinhas que, pouco a pouco, nos ajudaram a construir esse relacionamento gostoso que sempre foi pautado em entrega e muito amor.

Com ele não tem dia ruim, pessoa que é mal-recepcionada ou lugar triste. Ele é da galera, sociável e pura animação. Possui aquela energia que contagia qualquer ambiente. Mas, de tantas qualidades que ele possui, a fidelidade e o amor incondicional superam todas. Além, é claro, de ter o melhor cheiro de cangotinho da história e, de vez em quando, aquele pezinho com chulé.

Eu já reconheço seu olhar, o choro, o jeito, a reação e suas palavras favoritas. O tempo faz isso. Hoje nos lemos muito bem. E, se eu achava que o faniquito por esse serzinho diminuiria com o tempo, eu me enganei. O fofurômetro aumenta na mesma proporção que o amor. É, Olavinho, a vida com você só melhora.

Te humanizo, pois te amo com o mesmo coração e a intenção com que amo um humano, mas não coloco nossa relação sob o mesmo prisma, justamente para não perder a essência dela. Reconheço e sei que os vínculos são distintos, mas não a ponto de ter menos valia.

Te humanizo por encontrar em você muitas qualidades que não encontro em mim.

Te humanizo pelo espaço que você ocupa na minha vida, na minha cama e no nosso lar.

Te humanizo, não a ponto de ver menos valor nas minhas relações humanas ou arrancar de mim a vontade de maternar, por já viver um gostinho da experiência contigo, mas por preencher a minha vida de amor, aconchego, acolhimento e lealdade em meio a um mundo maluco de tanta imprevisibilidade.

O amor, a leveza e a alegria que os nossos pets levam para os lares é consenso — não à toa, recentemente ganhamos mais uma filha de quatro patas —, mas eu quero ver quem vai ter coragem de dizer que o Olavinho e a Judite não nasceram de mim.

love love love, Lu

Ouça: "Lovin' You" — Minnie Riperton

Autoestima, vem cá

Autoestima é uma pauta que nunca se esgota. Sempre tem uma vírgula a mais, um novo parágrafo ou algum aspecto diferente para levantar. Já escrevi sobre o tema no primeiro livro, escrevo agora e, muito provavelmente, continuarei desbravando esse universo que é o exercício de nos amar e nos aceitar do jeito que somos.

Autoestima, assim como autoconhecimento, é uma habilidade trabalhada ao longo da vida, sem ter um ponto de chegada. Até o fim dos nossos dias, estaremos imersos na atividade de reconhecer nossos vícios e nossas virtudes. Isso porque não permanecemos os mesmos. À medida que vivemos, somos transformados por nossas experiências, ou seja, sempre existe algo novo para conhecer. Mas a boa notícia é: quanto mais a habilidade é desenvolvida, mais fácil e gostoso fica.

Costumo dizer que a busca pelo autoconhecimento é um caminho sem volta. Uma vez que você descobre a influência dessa habilidade na sua realização (em TODAS as áreas da vida), isso te faz querer mais. O autoconhecimento faz com que busquemos as respostas dentro de nós, não fora; procure a própria validação, não a de outros; obedeça à própria razão, não à de fora. É ele o responsável por nos fazer protagonistas, e não meros coadjuvantes da direção social.

Ok, mas, e aí, entre autoconhecimento e autoestima, o que vem primeiro? O estado de consciência, ou seja: autoconhecimento. Se você nem sabe os sentimentos que guarda nem tudo o que é, como é possível estimar-se?! As definições de autoconhecimento e autoestima são diferentes, mas complementares. Olhar para si é o primeiro passo para todas as respostas, mas nem sempre somos capazes disso, pois olhar para si não significa só olhar para a parte boa, mas, principalmente, enfrentar a própria escuridão. E, uma vez que decidimos enfrentar e reconhecer nossos desejos e ambições, forças e fraquezas, temos a autoestima como a qualidade daqueles que são capazes de estimar-se apesar de tudo.

Isso não quer dizer que a pessoa se considere perfeita, mas sim que ela reconhece suas limitações e não deixa que elas diminuam seu valor como pessoa. É valorizar mais a parte boa do que a ruim. É ter um olhar generoso para si. Mas, nossa, como é difícil ser generoso consigo! E é aí que mora o "problema": quando falta a generosidade e enfrentamos a insegurança de "querer ser perfeito" e a frustração de não conseguir realizar.

Até aqui, vocês já viram que, para manter essas duas ferramentas poderosas em dia, é necessário um trabalho interno contínuo, de dentro pra fora, para o qual não existe um mapa ou um manual de instrução?! E que é muito mais fácil julgar e entender o que se passa com o outro do que compreender o que acontece dentro de nós e descobrir o caminho?! Pois é, por isso vemos tanta gente patinando nessas questões. Autoconhecimento e autoestima são construções e, como trouxe o sociólogo Zygmunt Bauman, em "tempos líquidos" e de superficialidade, em que nada é feito para durar, quando se fala em "progresso" e profundidade, isso parece assustar.

Manter a autoestima em dia requer vigília e um olhar atento para nós em meio a um mundo com tantas distrações. Mas é claro que as ferramentas mais poderosas não seriam fáceis de alcançar. Viver bem consigo e ser feliz são para seres humanos determinados, corajosos, pacientes, inacabados e capazes de lidar com a própria imperfeição. E, para quem ainda confunde autoestima com aspectos físicos, acho que já ficou bem claro até aqui que arrumar o cabelo, colocar os cílios e fazer a unha acabam sendo apenas a cereja do bolo para quem resolve se amar.

Precisamos encontrar a paz em ser quem somos, nos conhecendo profundamente, reconhecendo nossa importância para nós e para o outro. A autoestima mora aí.

love love love, Lu

Ouça: "Vícios e virtudes" — Charlie Brown Jr.

"Trying to have your cake and eat it too"

Recentemente, assisti à série *Sex/Life* (Netflix) e confesso que há tempos não via um *thriller* erótico com interpretações e reações tão diversas.

Não vou entrar no mérito do entretenimento ou da execução, se a série é péssima ou não, mas preciso trazer alguns pontos de reflexão das questões abordadas.

Para quem não a assistiu, a criação da roteirista Stacy Rukeyser acompanha Billie, uma mulher casada, mãe de dois (um recém-nascido), que começa a fantasiar sobre as noites de sexo e seu passado com o ex-namorado, quando seu casamento entra em uma fase morna. Mas a história acontece quando ela decide colocar suas fantasias para fora em seu diário e o marido, Cooper, acaba lendo tudo e conhecendo um lado de Billie nunca visto por ele.

Em resenhas e conversas que tive sobre a série, teve de tudo: mulheres que deram ênfase nos mil gatilhos e a dinâmica de um relacionamento abusivo, outras que comemoraram o fato de a série ter focado no prazer feminino, rompendo uma barreira do entretenimento que por décadas só focou a experiência masculina do sexo ou várias que se viram em situações (presente e passado) iguais à de Billie, a começar pela pressão psicológica que grande parte de nós sofre para sermos perfeitas, mesmo quando nossas decisões não são respeitadas, ou quando nossos traumas nos travam e nos fazem questionar nosso merecimento, até as renúncias que fazemos para assumir os diferentes papéis ao longo da vida.

Enquanto assistia à série, entendi o lado de todos, senti empatia por todos e julguei todos os personagens em algum momento. E assim é a vida. Todos somos feitos de sombra e luz, certezas e questionamentos, momentos quentes e mornos, razão e emoção. Julgamento e empatia. E há uma liberdade em enxergar e aceitar isso.

Assim como entender que podemos, sim, ter tudo, mas não ao mesmo tempo. Que é necessário fazer renúncias, mas que não precisamos renunciar a 100% de quem somos para assumir algum papel e, por último, que a verdadeira liberdade está em poder dizer em voz alta e nos anunciar, deixando nosso desejo ser conhecido pelo nosso parceiro, por mais sombrio que isso seja.

A trama escancara a importância do diálogo nas relações e do olhar para dentro antes de mergulhar em qualquer relação para não responsabilizar o outro pelo que é inteiramente nosso, que as conversas e os conselhos honestos são capazes de trazer segurança e emoção dentro de uma única relação, e que não há sexo bom que sustente um relacionamento, e nem sempre o amor é suficiente para manter o tão sonhado final feliz.

love love love, Lu

Ouça: "Nina" — Beshken

Valor inegociável

Outro dia me perguntaram quais eram os meus valores inegociáveis. Confesso que, com o pouco tempo que tive para responder, citei os primeiros que me vieram à mente: paz de espírito, liberdade e caráter. Coisas que — pra mim — não têm preço.

No dia seguinte, enquanto corria às margens do lago de Brasília, voltei a refletir sobre a questão e, em um estalo, regado a endorfina, tive a resposta mais óbvia: saúde! Como pude me esquecer?! Essa, antes de todas, é inegociável. Imagino que para muitos também seja.

Ela é o início e o fim de tudo. Sem ela, não há plano que vingue, vontade que se cumpra ou coisa parecida. Nossa saúde é e sempre será nosso guia. Não existem métodos para deixá-la em segundo plano. E, mesmo cuidando e dando total atenção a ela, sabemos que estamos vulneráveis aos acontecimentos da vida; logo, o que podemos fazer? O mínimo! Mantê-la em dia e nos cuidarmos.

Cuidar do corpo e da saúde não tem nada a ver com parecer bem, mas sim com estar bem para você e com você. Com a saúde em dia, um corpo físico alinhado é apenas a cereja do bolo.

A lógica é simples e a matemática é injusta, eu sei. Quanto mais você se mexe, mais vai querer se movimentar. Quanto mais procrastina, mais difícil vai ser sair da inércia.

Assim como, infelizmente, leva-se tempo para deixar tudo ajustado e pouco tempo para desajustar.

Viver bem requer dedicação, vigília e motivação. Nem sempre é fácil, mas sempre é possível. Mire nisso.

Para muitos, saúde se resume a salada e suco verde e não ficar doente, mas vai muito além.

Saúde é dormir bem, ter disposição, não ficar doente, ter um tempo livre, estar com a saúde mental cuidada e vigiada, arroz e feijão (não só salada), fazer alguma atividade física, cuidar dos músculos para envelhecer com qualidade. Saúde é não precisar que ninguém pegue no seu pé para dizer o que é óbvio: a sua qualidade de vida depende de você.

Comece, mas comece com metas possíveis. Não exija do seu corpo resultados em um mês depois de longos anos de abdicação. Respeite o seu tempo. Dê início com 20 minutos do seu dia, depois 30, depois 40. Separe dois dias da semana, depois três, depois quatro, até não conseguir viver sem. Faça musculação, por mais chato que pareça. Musculação não é chato, é a sua aposentadoria. Longevidade não é apenas sobreviver com 90 anos, mas ter saúde e qualidade para VIVER a longo prazo.

A academia é cara? Pense na lista de remédios de uso contínuo que ela pode te fazer economizar. Elimine hábitos não saudáveis. Não se compare. Respeite o seu processo e comece HOJE, não amanhã.

Se ainda te falta amor-próprio para se olhar com mais carinho, pense em quem você ama, pois são essas pessoas que vão sofrer com você os danos do seu descuido, são elas que vão te carregar, cuidar de você, cancelar planos e compromissos para estar ao seu lado. Cuidar de si jamais será egoísmo. Pelo contrário, é uma prova de amor.

Este texto é um lembrete pra nós — me incluo nessa aqui — para, quando o desânimo bater, lembrarmos que tudo é negociável, mas a saúde, não. Ela, sim, é o topo das nossas prioridades.

Saúde é escutar o nosso corpo.

love love love, Lu

Ouça: "Spirit Bird" — Xavier Rudd

Toda luz é precedida do caos

O último ano foi antagônico. Vivi as maiores felicidades e as maiores tristezas. As melhores realizações profissionais e os maiores desafios. E, entre uma coisa e outra, eu me desfiz e me reconstruí. Aproveitei as dores e as delícias e desfrutei de todos os processos, sendo eles bons ou ruins, pois todos (eu disse TODOS) me despertaram para algo maior e, mesmo vivendo em meio a essa dicotomia, eu sempre tive o principal: fé, amor, motivação e alegria de viver.

No mês passado, em 30 anos, tive o meu primeiro episódio de esgotamento. Vista turva, sono descontrolado e choro compulsivo sem motivo. Dentro de um táxi sozinha, eu simplesmente transbordei.

Transbordei para lembrar que temos um limite, que não adianta correr sem ajustar os ponteiros e reavaliar os caminhos, que, antes de atender às expectativas dos outros, eu preciso aprender a atender às minhas.

Eu senti. Após o episódio, foram algumas semanas de inquietação até ver a luz, mas ela veio, como sempre vem.

Afinal, toda luz é precedida do caos, e engana-se quem encara o caos como algo propriamente ruim. Ele é tudo aquilo que nos faz sair da zona de conforto.

A maturidade me ensinou a abraçar o caos quando ele acontece, mesmo com todos os dissabores. Foi quando eu aprendi a acolhê-lo que passei a me encontrar no desconforto. Se antes temê-lo ou repeli-lo me cegava para uma possível transformação, hoje eu o encaro como uma zona de preparo para o aprendizado.

Acolher os desafios ao invés de me livrar deles. Isso, sim, tem me causado verdadeiras transformações.

love love love, Lu

Ouça: #"Finally" — Kings of Tomorrow

Alma gêmea existe?

Ontem comecei a assistir à série *Soulmates* (Amazon Prime) e maratonei.
Imagine que exista um teste genético capaz de identificar sua alma gêmea. Você seria capaz de fazer?

No caso dos solteiros, tenho certeza de que muitos (sem avaliar a fundo) fariam, uma vez que não têm nada a perder. Agora, imagina se você fosse casado, com filhos, com uma vida feita? Estaria disposto a largar tudo para encontrar o "verdadeiro amor"? Solteiro ou casado, analisando profundamente, é preciso pensar em muitos parâmetros.

A série é uma ficção científica que traz muitas reflexões sobre o comportamento humano. De uma maneira bizarra, *Soulmates* mostra a pluralidade humana, de quem vive em busca do "relacionamento perfeito" ou do "felizes para sempre", ainda que a maioria já tenha descoberto, mas não tenha percebido.

Mas a pergunta que não quer calar é: Alma gêmea existe?

Essa resposta vai depender do seu grau de espiritualidade, mas aqui vou me ater a trazer meu ponto de vista em relação ao tema.

Não, eu não acredito. Eu acredito em ENCONTRO DE ALMAS e nunca limitei essa crença aos relacionamentos amorosos nem a uma pessoa só.

Nem quando mais nova eu fiz parte do time que acreditava que minha alma gêmea cairia do céu no meu colo pronto para viver um conto de fadas. Definitivamente, sabia que não seria um encontro de almas que iria me garantir a felicidade absoluta em algum aspecto.

Dentro do que acredito, cada alma está aqui na Terra para reparar, consertar, resgatar algo e, pra mim, o encontro de almas acontece para ajudar que cada um cumpra essa missão. Na idealização dos românticos, o encontro de almas acontece para benefício próprio; na minha, ele acontece para o bem coletivo. A finalidade do encontro de almas é coletiva, e não individual.

O desejo de encontrar a cara-metade é legítimo, mas a idealização da "alma gêmea" pode ser muito perigosa.

Primeiro pelo fato de que os nossos encontros de almas podem ocorrer com amigos, pessoas da família ou mentores e não somente com um par, e, segundo, relacionamentos divinos não existem porque não existem pessoas divinas. Relacionamentos são construções, e pessoas não são perfeitas umas para as outras.

Muitos passam a vida inteira à mercê dessa busca e esquecem de se compor como seres humanos. Em vez disso, fantasiosamente, buscam no outro aquilo que lhes falta.

Antes de querer encontrar sua "alma gêmea", é preciso reconhecer-se uma boa alma para si e para o outro.

Eu reconheço um encontro de almas quando essa pessoa vê a minha essência. Pelo verdadeiro reconhecimento do coração e da alma, em que não há julgamento quando não se tem compatibilidade. Não, encontros de almas não são formados por pessoas "iguais", mas complementares, que reconhecem suas vulnerabilidades mas desfrutam de um amor tão forte e intenso que é capaz de trazer muita evolução e expansão para ambas.

Reconheço um encontro de almas quando vejo o corpo falar, a afinidade transbordar e quando existe uma dedicação diária, constante e amorosa para construir algo. Quando propósitos e objetivos se encontram e fazem todos vibrar na mesma energia e reverberar.

Identifico um encontro de almas quando há um processo de aprendizado (psicológico, espiritual e emocional) constante. Quando inspira paz, e quando a cura e o perdão não são opcionais. Em encontros de alma, o ressentimento não faz morada, e a relação não existe para salvar um ao outro, mas sim para nos fazer evoluir através do amor.

E, diferentemente do que muitos pensam, encontros de almas não necessariamente serão eternos, mas a evolução por eles causada, sim.

E você, no que acredita?

love love love, Lu

Ouça: "As canções que você fez pra mim" — Maria Bethânia

Mil vezes, sim!

Olha nós dois aqui, mais uma vez, nos casando. A terceira, quarta, oitava vez?! Para os outros, a impressão é de que casamos mil vezes em um ano, e talvez pra nós também seja. Isso porque reafirmo o meu *sim* todos os dias ao acordar ao seu lado, ao fazer o seu café da manhã, a cada mensagem trocada durante o dia, cada carinho, risada, em cada olhar admirado, na vontade de te ver em casa ou até no clássico: "Ai, quanta atenção você demanda!".

A verdade é que nos escolhemos desde o primeiro momento e, a partir dali, nos casamos no dia do primeiro beijo, em dias triviais e excepcionais. Afinal, casar é se comprometer, e não precisamos de uma única data para fazê-lo. Celebramos e reforçamos o nosso relacionamento sem contabilizar o tempo.

Podemos ter adiado a data dessa celebração, mas nunca adiamos a vontade de ficar juntos, nem os nossos sonhos, nem a criação do nosso lar. Até aqui, viemos construindo o nosso amor, erguendo uma morada agradável na qual vamos habitar e onde podemos confiar no outro nossos desejos, medos, sombras e, claro, a nossa melhor versão.

Até aqui, vejo quanto a vida tem sido generosa conosco, contrapondo um mundo com tanta desavença, e o universo tem preenchido nossa vida e nossa casa com muito amor.

Nos casamos hoje porque nos reconhecemos indivíduos inteiros e, ainda assim, vemos mais sentido em ficar juntos. Casamos não pelo medo da solidão, mas pela sintonia e pela parceria. Casamos hoje não pela garantia de felicidade, mas pela admiração. Nos unimos não por automatismo, mas porque nos amamos e nos comprometemos com a própria cura para construir nossa relação.

Hoje eu queria te dizer, mais uma vez, eu te amo, eu te amo por inteiro e darei tudo de mim para te amar do jeito que você merece. Porque você é merecedor. Quero ser seu colo, sua diversão, sua segurança, sua companhia e sua maior torcida.

Quero aproveitar este momento e agradecer a meus pais, pelo berço de amor em que fui criada, pela concepção de família que eles tanto batalharam para nos apresentar e que hoje me serve de norte para construir a minha.

Olho para trás e sinto que até aqui foi tudo muito bom, mas olho para a frente e sinto que o melhor ainda está por vir.

love love love, Lu

Ouça: "Gravity" — John Mayer

"

Não quero ter você para
preencher minhas partes vazias.
Quero ser plena sozinha.
Quero ser tão completa
que poderia iluminar a cidade
e só aí quero ter você,
porque nós dois juntos
botamos fogo em tudo.

Não grávida

Há quem tenha passado a vida sem fazer um único teste de gravidez, mas esse não foi o meu caso. Aos 30 anos, já acumulei alguns sorrisos de felicidade como esse do vídeo pelos "NÃO GRÁVIDA" obtidos[1]. Só eu sei o alívio e a gratidão que senti por não ter tido minha vida transformada por dois simples riscos quando não me julgava pronta (se é que um dia nós estamos).

Mas por que um sorriso diante de um teste de gravidez nos faz pensar imediatamente em um resultado positivo? Porque a sociedade nos fez pensar assim. "Normal" é a mulher querer ter filho, "normal" é a mulher se casar e querer engravidar logo, entre outras inúmeras "normalidades" que a sociedade nos enfia goela abaixo.

O sonho de ser mãe não é de todas, e a "não maternidade" não deveria mais ser o caso de tanta curiosidade, uma vez que a questão do filho é uma possibilidade considerada, e não a única possibilidade da mulher. Parece ser natural pensar que filhos são uma etapa essencial a ser vivida, mas não. Pensar na maternidade é pensar — e pirar — nos dilemas éticos de colocar uma vida no mundo.

1. Vídeo disponível aqui: tinyurl.com/m7bhh4z

A questão do filho vem da construção de um sonho, e tudo bem se esse sonho não for seu. Celebre suas escolhas, tenha coragem para bancar e expressar sua vontade qualquer que ela seja. Você merece. Nós merecemos. É triste pensar que há muita ansiedade e insegurança em todas as situações, independentemente de qual for (mães, mães solo, mães jovens, tentantes, mulheres que não desejam ser mães), por isso vamos fazer nossa jornada mais leve.

Tenho me policiado para não perguntar nem julgar sobre as escolhas dos outros. No fim das contas, ninguém foi ensinado a viver. Estamos todos improvisando. É difícil e desconcertante ser questionada sobre perguntas para as quais não temos resposta.

Não, eu não estou grávida. Sim, quero ser mãe e em breve entrarei na jornada tentante, jogando nas mãos de Deus para que se cumpra a vontade dEle. Somos criadas para evitar a gravidez, para engravidar no "momento certo", como se isso fosse algo muito fácil de acontecer. E pode até ser para algumas, mas todas sabemos que os caminhos nem sempre são rápidos, e sim cheios de desafios.

Meu abraço em todas as mulheres
À nossa liberdade de escolha
À nossa força para honrar as jornadas

love love love, Lu

Ouça: "September Rose" — Cailin Russo

Fiz as pazes com a morte

Eu demorei muito tempo para entender que a morte não é a vilã da história. Demorei muito tempo para não a temer, assim como foram longos anos até aprender quão importante é falar sobre ela.

A morte é uma pauta infinita e repleta de teorias e ensinamentos. Instigante, amedrontadora e fascinante.

Hoje sei que morte e vida não são contrárias. Elas andam de mãos dadas. A morte é a reverência pela vida, mas é preciso muita espiritualidade e fé para compreender quanto a morte pode nos trazer a vida.

Infelizmente, o sentido e a apropriação da nossa história quase nunca vêm sem dor. Precisei passar por alguns lutos e desconstruir muitas crenças e ideias para chegar a essa conclusão.

A verdade é que quem enfrenta o luto da morte jamais olha para o mundo e para si da mesma forma.

Eu já tive muito medo da morte, mas hoje fiz as pazes com ela. Lembram que disse que busco aceitar e acolher tudo aquilo que não consigo mudar ou controlar? Pois é. A morte é a nossa única certeza. Ela está aí, você querendo ou não.

A espiritualidade — diferentemente de religião — me ensina todos os dias a ressignificá-la, e, mesmo assim, nunca estarei pronta para ela. A diferença é que, se antes eu era tomada por um sentimento de inconformidade e apego, hoje me inundo de gratidão e saudade pelo que se foi. A morte não é o fim, é o meio.

Não é a morte que dói. É o vazio que fica. É a impotência diante do inevitável.

E como lidar com ela?! Deixar doer. Ser forte é se permitir sentir o luto. É chorar a dor física, mental e visceral. É ser sábio para permitir que a morte chegue quando a vida deseja ir. E se reconstruir até a próxima partida. Porque uma hora ela vai chegar. Do pouco que sabemos, um dia todo mundo vai embora.

Não desperdice o agora.

Aos meus familiares e amigos que habitam pra sempre no meu coração.

love love love, Lu

Ouça: "Sunlight" — Big Words

Presente é estar presente

Natal é uma data cristã, mas mesmo para os ateus esse dia não precisa passar batido como outro qualquer. É possível encontrar sentido e celebrar o Natal sem precisar montar árvores, trocar presentes ou se render à boa e velha ceia.

Independentemente da religião ou da crença, é possível e gostoso confraternizar, se emocionar e se abrir para a enxurrada de afeto que esse dia propõe. Não é preciso acreditar em Deus para ter fé. Para viver bem a espiritualidade do Natal, precisamos apenas viver com amor.

Para celebrar o Natal não é preciso troca de presente ou assistir ao especial do Roberto Carlos, mas agir com gentileza e solidariedade.

Para ser Natal não é preciso ter somente alegria; pode ter choro, saudade, melancolia.

Para viver o Natal não é preciso Papai Noel ou se arrumar para ficar em casa; pode ter pijama, sofá, pipoca e refrigerante.

Para viver o Natal não é preciso ir à missa, mas viver com tolerância, compaixão e respeito.

Independentemente do que você acredita, criar rituais de passagem e afetivos ao lado de quem amamos é um presente que nos damos, afinal, ninguém precisa se distanciar dos valores que as religiões propõem.

Não vamos nos entregar à superficialidade da vida, nem vamos viver o conceito do Natal em um único dia. Precisamos reconhecer que a "magia do Natal" não é o servilismo religioso apenas, mas sim o amor, a solidariedade, o respeito e a fé que devem habitar dentro de nós e ser partilhados não somente na ceia, mas todos os dias.

Natal é muito mais do que presente. É estar presente, viver o presente e partilhar.

Feliz Natal.

love love love, Lu

Ouça: "Last Christmas" — Wham!

O desafio de ser forte sem perder a feminilidade

Escrever sobre nós, mulheres, é como mergulhar em um oceano azul de possibilidades. São muitas as pautas, as nuances da nossa vida e as experiências que vale a pena trazer à tona. Hoje, em mais um Dia Internacional da Mulher, não poderia me esquivar do tema.

A busca pela igualdade de direitos entre homens e mulheres não nos torna iguais. Isso é um fato. A masculinidade e a feminilidade são realidades biológicas, e isso não significa que uma seja superior à outra. Homens e mulheres têm seu papel, e, quando cada um toma consciência de seu papel como gênero, aí a harmonia acontece.

É claro que nós evoluímos muito no que diz respeito à liberdade individual, mas o feminismo, ao mesmo tempo que trouxe conquistas importantes, muitas vezes colocou os homens como inimigos e nos desencorajou a ser femininas, como se a masculinidade nas mulheres fosse a solução para vencer as diferenças e permitir-se ser mulher, um sinal de fraqueza.

Todos nós aprendemos com as características do outro gênero e até possuímos a energia de ambos dentro de nós (Yin Yang), mas por que insinuar que a feminilidade não é boa o suficiente? Por que permitir que o homem exerça seu papel e que nós exerçamos o nosso de mulher invalida a nossa luta?

Queremos ser independentes, respeitadas, ouvidas, valorizadas, reconhecidas e fortes. Queremos ser boas profissionais, mães, filhas, esposas... Não queremos machismo, nem assédio, insegurança, julgamento e descredibilidade.

E, para tomar posse de tudo o que queremos — e merecemos —, não precisamos deixar de ser sexy, frágeis, cortejadas e mimadas. Não precisamos ocupar o lugar dos homens para conquistar a equidade de gênero, pois somos mulheres e temos nosso próprio lugar. Não há necessidade de rixa, e sim de autoconhecimento para estar no lugar devido usando nossos talentos e nossas características em prol do nosso crescimento.

Que sejamos cada dia mais fortes sem renunciar à essência original. Vamos nos permitir viver a verdadeira beleza de ser mulher sem deixar de lado as lutas. A maior conquista de todas é a conquista de si. Queremos respeito e reconhecimento, mas também queremos flores, amores e uma pessoa para nos coroar. Não queremos só isso. Queremos tudo.

Feliz Dia da Mulher.

love love love, Lu

Ouça: "I AM WOMAN" — Emmy Meli

Prefira acreditar

Recentemente me ocorreu ficar alguns dias na companhia de uma pessoa extremamente cética, mas não aquela com espírito questionador, que não se contenta com as verdades aparentes, o que seria, até saudável no atual contexto em que as afirmações tendem aos polos (posições radicais) e em uma época em que tudo é tão instável. A pessoa era aquela cética com dogmatismo negativo, aquela negação ranzinza e improdutiva que eu, particularmente, acho triste.

O cético negativo duvida de tudo: independentemente de qual seja a situação, a postura é sempre de negação. Eu sei quanto tem sido difícil conjugar o verbo "acreditar" ultimamente, com tantos motivos para desacreditar, mas, se não acreditarmos em algo, se não depositarmos nossa fé, confiarmos e aceitarmos alguma veracidade, qual é o sentido disso tudo a que chamamos de vida?

No caso de dor, não acredita em remédio; no caso de amor, não acredita na pessoa (ou desconfia demais); no caso de doença, não acredita em médico, em terapia, nas estrelas, nos astros, talvez nem na boa energia...

O ceticismo é a doutrina segundo a qual o ser humano não atinge nenhuma certeza a respeito da verdade, o que resulta em um procedimento intelectual de dúvida constante, mas, na boa, que vida estressante! Acho grave essa eterna desconfiança e descrença no viver.

Por mais difícil que seja, acredite em algo.
Em meio à guerra, acredite na paz.
Em meio à pandemia, acredite na cura.
Diante da maldade, ainda acredite no bem.
Diante da deslealdade, acredite ainda em confiar.
Apesar de tudo, sempre escolha acreditar em algo.
Por mais difícil que seja, acredite.
Prefira ser julgado pela sua fé inabalável e por tentar vencer os desafios, a ficar à mercê de uma desconfiança eterna acompanhada de negativismo.

Como bem disse Denis Diderot, "é tão arriscado acreditar em tudo como não acreditar em nada".

love love love, Lu

Ouça: "Pausa" — 5 a Seco

Como você
será lembrado?

Dois anos de pandemia, 2022 começando com uma guerra, quantas partidas, quantas vidas escapando pelas nossas mãos... Diante das perdas e da consciência de quão frágil é a nossa passagem por aqui, me peguei pensando diversas vezes sobre as marcas que deixamos na vida das pessoas. Não é somente sobre o império milionário construído que se intitula um legado, mas sobre como nos manteremos presentes na vida das pessoas mesmo quando partirmos.

Como seremos lembrados, esse é o verdadeiro legado. Nossas ações são a prova de que nós vivemos. Nosso caráter e a transformação que causamos na vida das pessoas é a garantia de que permaneceremos.

Vou usar o exemplo das minhas avós, que partiram há pouco mais de um ano. Não é dos presentes ou de qualquer propriedade delas que me lembro, mas dos ensinamentos, das falas e das atitudes que permanecem vivos em mim. A expressão "pior é na guerra", da Índia, quando precisamos valorizar aquilo que temos agora, e a sua fé inabalável que me cobria de proteção. Ou a Ledinha, com sua energia e sede de viver, que, aos 87 anos, dançava até as 3 da manhã para aproveitar tudo o que lhe era dado até a última gota, e a sua generosidade e afeto em forma de biscoito que, em todo final de ano, passava dias preparando para todos os familiares e para fazer doação.

Sobre a morte, ninguém quer falar, mas você parou para pensar em como será lembrado quando ela chegar? Como será lembrado pelos seus familiares? Ou pelos seus superiores, subordinados, colegas de trabalho? Ao pensar nisso, o resultado te deixa satisfeito e preenchido ou com a sensação de que ainda tem muito por fazer? Qual o ponto que merece sua atenção?

Nossa existência é transitória, frágil e imprevisível. Nunca saberemos, de fato, quanto tempo teremos aqui para deixar nossa marca. Precisamos fazer valer cada minuto, afinal, quantos minutos e momentos da nossa vida já nos renderam a eternidade?! Não precisamos de uma vida inteira para deixar nosso legado, mas precisamos fazer valer cada minuto. Seja ambicioso, sonhe, realize, construa, mas jamais esqueça que legado é aquilo que, mesmo quando não estivermos mais no mundo, continuará falando por nós.

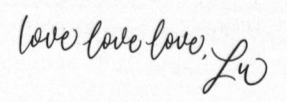

love love love, Lu

Ouça: "Baby" — Gal Costa e Rubel

Retiro com propósito

Demorei mais de sete meses para escrever este texto, mas o tema esteve — e ainda está — tão presente em mim que em momento nenhum foi motivo de preocupação, "a hora que der, escrevo".

No segundo ano de pandemia (2021), fui colocada à prova diversas vezes em aspectos emocionais, profissionais e pessoais. Durante um período foram tantas provas, excesso de sentimentos e obrigações que mal pude, de fato, viver e sentir cada um deles. Por obra do destino e da minha conexão espiritual, a qual alimento dia após dia, senti dentro de mim que precisava desse tempo de pausa, de conexão para digerir isso tudo. Muitos chamam isso de intuição.

Em um dia qualquer, sentada no sofá da sala, "do nada" vi uma conhecida anunciar um retiro para a Amazônia, na data em que eu completaria 30 anos. Não pensei duas vezes, "eu preciso ir". Falei com o marido e em dois minutos garanti minha vaga. Fechei com o pouco que eu sabia sobre o projeto e por admirar muito uma das organizadoras, que já acompanhava há anos. Do pouco que me informei, sabia que teria práticas de ioga, trabalho voluntário e ferramentas de autoconhecimento. Só. Eu não estava preocupada se teria ar-condicionado, se iria dormir em uma oca (fiquei achando isso até os 45 minutos do segundo tempo) ou se teria alguém conhecido.

Fechei empolgada em passar a virada do meu aniversário vencendo medos (tinha aracnofobia e fui tratada, por isso me senti pronta para encarar a floresta), me conectando com minha essência e meus sentimentos, me desafiando a algo novo (ioga nunca foi meu forte), conhecendo pessoas novas, me doando e, de quebra, voltando com histórias e memórias minhas para contar. Fui em busca de transformação. Sentia que precisava me desconectar para reconectar, pois a sensação que tive nos meses que antecederam a viagem foi que eu estava sendo apenas levada pelos acontecimentos, sem tempo de digerir cada um deles.

Confesso que os meses anteriores ao retiro me deixaram um pouco ansiosa em relação ao trabalho. A proposta era 100% de desconexão com celulares e afins. Até deixar tudo organizado no trabalho foi uma dedicação intensa, mas nunca havia pensado que fosse me sentir tão animada por me desligar durante cinco dias. Não fazia ideia do que iria sentir nem do tamanho da lição que esse fato iria me trazer.

Nascida nos anos 90, posso dizer que a maior parte da minha vida, pelo menos a parte que me lembro, foi conectada. Tive uma infância sem celular — e memórias incríveis do período —, mas não lembrava a última vez que tinha ficado incomunicável. Por mais que eu deixe o celular de lado durante um dia e priorize minha vida off-line, eu sei que ele está ali e o fato de ele estar acessível faz com que eu me lembre de sua existência, e isso, de alguma forma, rouba a minha atenção.

Ficar incomunicável me trouxe um aprendizado enorme sobre a diferença entre estar presente e estar presente com entrega. Já adianto, são cada vez mais raros os momentos em que estamos presentes e entregues a uma situação. E está aí uma das minhas maiores lições: atualmente são muitas as distrações e estímulos que recebemos ao longo do dia, e cada um deles acaba nos roubando a atenção de momentos preciosos. O retiro escancarou isso pra mim.

Sem o celular não existe o *check* de horas, a espera da mensagem, o lembrete da agenda ou a vida do outro para nos distrair. A presença não se dissipa, ela acontece ali, no presente. Desconectados, mas conectados aos nossos sentidos, tudo fica mais intenso e perceptível. As horas duram mais e os dias parecem ter 48 horas. Foram poucos dias de retiro, mas a impressão é de que estava ali há semanas.

Estar presente e entregue é mais "fácil" quando não se tem opção, mas e quando estamos rodeados de demandas, notificações de celulares e distrações?! Depois de ler sobre alguns assuntos esbarrei no que conhecemos como *mindfulness*, uma prática milenar que propõe exatamente isso e nos sugere uma maneira profunda de ampliar e aumentar a nossa satisfação e conexão conosco, apreciando a plenitude em cada momento através da entrega. Muito mais difícil do que parece, mas o estado de consciência e a experimentação do que isso traz nos faz insistir no processo.

Estar presente é uma coisa, estar entregue é outra, e esse, sim é o presente mais precioso que podemos oferecer aos outros e a nós mesmos. Afinal, a vida está disponível no momento presente, nem antes nem depois. Quantos foram os momentos que você não apenas viveu, mas se entregou de fato?! A consciência que o retiro me trouxe despertou em mim um termômetro mais apurado para esse fato e acabou me rendendo escolhas mais conscientes sobre a maneira a qual eu tenho escolhido viver.

Escolha bem e escute o seu coração, pois o momento presente não acontece duas vezes.

love love love, Lu

Ouça: "Gatas extraordinárias" — Cássia Eller

A proximidade afetiva é o que conta

Em 30 anos de vida, não me lembro de ter uma amizade tóxica. Sorte? Talvez. Mérito? Com certeza. Eu sempre fui uma pessoa sociável e rodeada de colegas, mas amigas e amigos mesmo, que permaneceram e com quem abro a minha vida, tenho poucos e bons. Lembro-me de pessoas que vieram e não permaneceram, daqueles amigos de fases: do ensino fundamental e médio, da faculdade, da balada, da academia, do curso... E os que ficaram, escolhemo-nos a dedo. É bonito ver o nosso entrosamento, o respeito, a paciência e a união. O quanto nós nos acolhemos mesmo quando não concordamos uns com os outros. Amizade para mim é isso, mesmo puxando a orelha, sei que se eu precisar de colo vou encontrar ali.

Não tenho conhecimento de causa para dizer como identificar uma amizade tóxica, mas tenho algumas experiências pessoais para compartilhar e que, até então, têm dado muito certo.

Para construir as minhas amizades eu nunca tive medo de dizer "não" e sempre me afastei das pessoas que, por algum motivo, me fizessem sentir mal comigo mesma. Minhas amizades não passam a mão na minha cabeça, mas jamais me diminuíram, pelo contrário, me ajudaram a crescer. O benefício da amizade é mútuo e, como em qualquer tipo de relacionamento, é uma via de mão dupla. Se a sua amizade se alimenta do estresse ou do mal que causa em você, é hora de ligar o alerta e sair daí.

Amizade para mim não combina com onipresença e servidão. Lealdade não é isso e muito menos concordar na íntegra. Amizade não é servir de descarrego de emoções pesadas e contraditórias. É ouvir e ser ouvido, é paciência e respeito. Amizade é construção, e boas amizades, mérito.

Mérito de escolher evoluir, crescer, concordar, discordar, mas sempre com o respeito e empatia com a escolha do outro.

Mérito por torcer, incentivar e aplaudir sem inveja, egoísmo ou cobrança.

Mérito por entender que amizade não quer dizer ligar todo dia ou falar toda hora.

Mérito por compreender que amizade não se mede no quanto de atenção momentânea se dá, mas no cuidado e amor que existe mesmo quando não se está presente.

love love love, Lu

Ouça: "You've got the love" — Florence + The Machine

Esta obra foi composta em Mrs Eaves XL 11 pt e impressa em
papel Polen Natural 80 g/m² pela gráfica Paym.